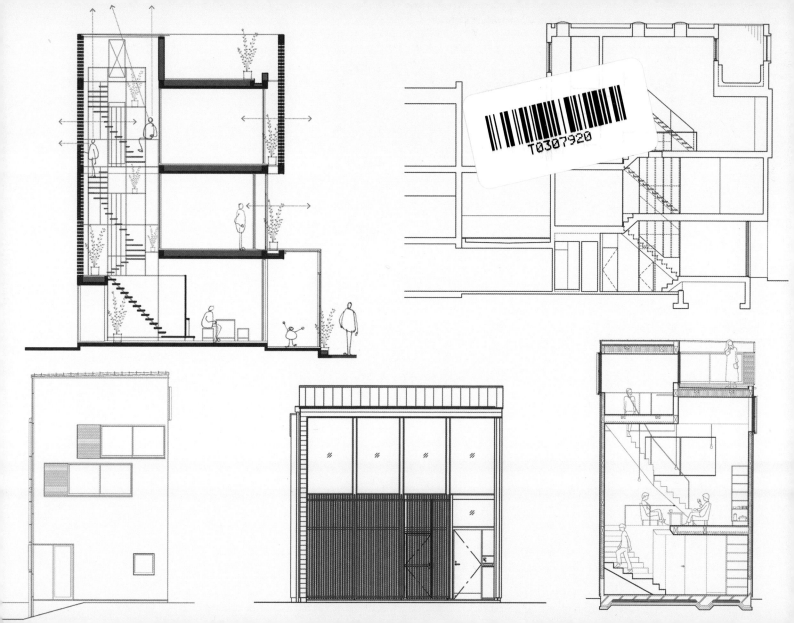

THE MODERN TOWNHOUSE. Original solutions & unusual locations in the city
© 2018 Instituto Monsa de ediciones.

First edition in 2018 by Monsa Publications, an imprint of Monsa Publications
Gravina 43 (08930) Sant Adriá de Besós. Barcelona (Spain) T +34 93 381 00 50
www.monsa.com monsa@monsa.com

Edition, concept and project director Anna Minguet. Art director Eva Minguet.
Layout and project's selection Patricia Martínez. (Monsa Publications)
Printed by Grafo.Translation by SOMOS Traductores.

ISBN: 978-84-16500-81-9
D.L. B 7448-2018

Order from:
www.monsashop.com

Follow us!
Instagram: @monsapublications
Facebook: @monsashop

THE MODERN TOWNHOUSE

Original Solutions & Unusual Locations in the City

monsa

INDEX

INTRODUCTION

Townhouses are some of the most interesting features of modern urban architecture. They have existed since the emergence of western cities, that is to say, since the Middle Ages. The first townhouses were stately homes and palaces, and after that they gradually became the standard type of housing in the city. Over time, when cities began to grow and population density increased, land became a valuable asset and the need to rationalize space arose, architectural creativity began to flow, achieving original solutions in unusual and difficult locations.

Below we present a selection of newly designed townhouses, unconventional architectural concepts in terraced housing for cosmopolitan families. The main feature of these houses is the imaginative use of space and the creative way in which natural light is allowed to enter. The layout of each one is designed according to the lifestyle of the owner and their needs: more or fewer rooms, different ways of separating the areas for daytime and nighttime use, etc. Houses with interior gardens, with roofs converted into terraces, etc. Undoubtedly an impressive and inspiring set of houses that combine urban life and the concept of "home sweet home" to perfection.

Las Townhouses (casas entre medianeras) son unas de las tipologías urbanas más interesantes de la arquitectura actual. Existen desde el nacimiento de las ciudades occidentales, es decir, desde la Edad Media. Las primeras Townhouses eran casas señoriales y palacios, y de ahí se fueron convirtiendo en las viviendas habituales de la ciudad. Con el tiempo, cuando las ciudades comenzaron a crecer y la densidad de población aumentaba, el suelo se convirtió en un bien preciado y surgió la necesidad de racionalizar el espacio, en ese momento empieza a fluir la creatividad arquitectónica, que consigue originales soluciones ante localizaciones inusuales y difíciles.

A continuación presentamos una selección de nuevas viviendas entre medianeras que se han proyectado en la actualidad, conceptos arquitectónicos no convencionales y adosados para las familias cosmopolitas. La característica principal de estas casas es el aprovechamiento del espacio y la entrada de luz natural de forma creativa. La distribución de cada una está diseñada acorde al estilo de vida de cada propietario y sus necesidades: mayor o menor número de habitaciones, distintas separaciones de las zonas de día y noche, etc. Casas con jardines interiores, con azoteas convertidas en terrazas... sin duda un conjunto de casas impresionantes e inspiradoras que combinan a la perfección una vida urbana y el concepto de un "hogar dulce hogar".

CUT OUT HOUSE

Fougeron Architecture / 232 m² // 2,500 sq ft / San Francisco, CA, USA / Photo © Joe Fletcher Photography

The Cut Out House is a 2500 square foot, three bedroom complete remodel of a Victorian built over a century ago and previously untouched since the 1920s.
In order to create a modern home, the existing interior structure had to be completely reorganized. We reversed the original flow, turning the back of the site into the main living area. Each floor is placed between three slots so that the home connects vertically rather than horizontally. Traditional Victorian homes often are poorly lit and are disconnected from floor to floor but by suspending floors, there is brightness and fluidity throughout the Cut Out House. In this exceptionally narrow lot (65 feet x 25 feet), solar orientation and natural light diffusion were paramount for making sure the home felt warm and open.

La Cut Out House es una remodelación completa de 232 metros cuadrados y tres dormitorios de una casa victoriana construida hace más de un siglo y anteriormente intacta desde la década de 1920.
Para crear un hogar moderno, la estructura interior existente tuvo que ser reorganizada por completo. Invertimos el flujo original, convirtiendo la parte posterior del lugar en la sala de estar principal. Cada piso está colocado entre tres espacios para que la casa se conecte vertical en lugar de horizontalmente. Las casas victorianas tradicionales a menudo están mal iluminadas y desconectadas de un piso a otro; sin embargo, al suspender las plantas hay brillo y fluidez en toda la casa. En este conjunto excepcionalmente angosto (65 pies x 25 pies), la orientación solar y la difusión de la luz natural fueron primordiales para asegurar que la casa se sintiera cálida y abierta.

Sectional view

In order to maximize the small footprint of the house, the ground floor was excavated at the rear extension. The back façade, which is tilted at 9 degrees, is built of a custom field-glazed steel frame with insulated glass. The angle over two stories – a canted facade – maximizes space and square footage in the house.

Para maximizar el pequeño espacio de la casa, la planta baja se excavó en la extensión trasera. La fachada posterior, que está inclinada 9 grados, está formada por un marco de acero acristalado a medida con cristal aislante. El ángulo sobre el segundo piso (la fachada inclinada) maximiza el espacio y la superficie cuadrada de la casa.

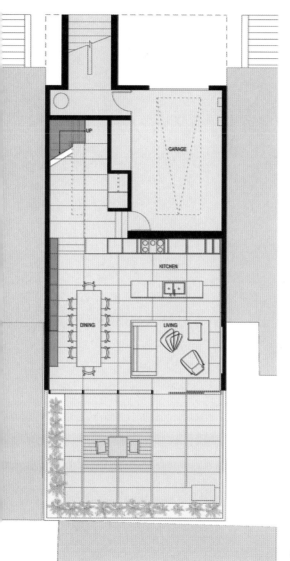

Ground floor plan

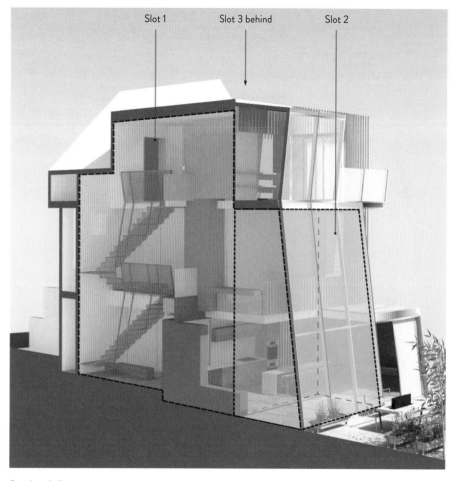

Slot 1   Slot 3 behind   Slot 2

Sectional diagram

By reconceptualizing the entire space itself and reversing the program orientation of the home, a traditional house is reinvented.

Al conceptualizar de nuevo todo el espacio en sí e invertir la orientación de la casa, se reinventa una vivienda tradicional.

First floor plan

Second floor plan

TAMATSU HOUSE

Ido, Kenji Architectural Studio / 94.5 m² // 1,017 sq ft / Osaka, Japan / Photo © Yohei Sasakura

This three storey house, designed for a couple with two children, is in an urban setting where small houses, factories and offices unhappily coexist. As the adjacent buildings are so close, they block a great deal of natural light and so the main aim of the renovations was to ensure that the communal areas (living room, dining room and kitchen) were as spacious as possible, without pillars or dividing walls to ensure that light flowed freely through the space. The layout of the house was designed around the client's lifestyle, with the ground floor housing the main bedroom and the wet zones, the communal areas on the first floor and the children's bedrooms on the second floor.

Esta vivienda de tres plantas, diseñada para una pareja con dos hijos, está ubicada en un entorno urbano donde pequeñas casas, fábricas y oficinas coexisten sin ninguna armonía. Al estar los edificios adyacentes tan próximos, era difícil el paso de luz natural al interior de la misma; por ello, al abordar su reforma, una premisa principal fue conseguir que el área de las zonas comunes —sala de estar, comedor y cocina— fuera lo más amplia posible y sin pilares ni tabiques para conseguir que la luz fluyera libremente por el espacio.
La distribución de la vivienda se ideó acorde a estilo de vida del cliente: así la planta baja alberga el dormitorio principal y las zonas húmedas, la primera, las zonas comunes y la segunda, los dormitorios de los hijos.

18

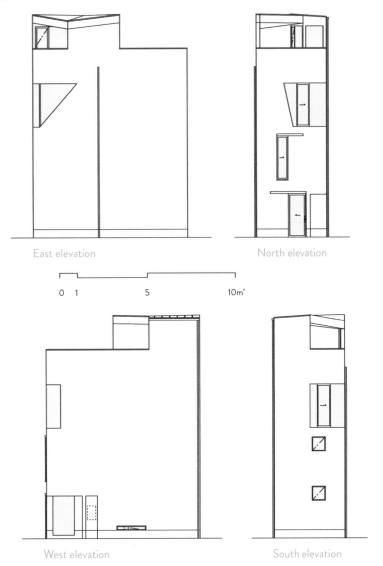

East elevation

North elevation

0 1   5   10m'

West elevation

South elevation

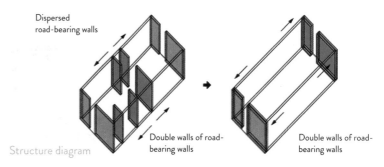

Dispersed road-bearing walls

Double walls of road-bearing walls

Structure diagram

Double walls of road-bearing walls

The client requested the family room (living area, dining area and kitchen) to be as large as possible without pillars or road-bearing walls, the dispersed road-bearing walls were gathered, both sides of the building were used as the double walls of road-bearing walls.

El cliente solicitó que el espacio familiar (sala de estar, comedor y cocina) fuera lo más grande posible sin pilares o muros de carga, estos muros dispersos se juntaron, y ambos lados del edificio se usaron como paredes dobles utilizando esos muros de carga.

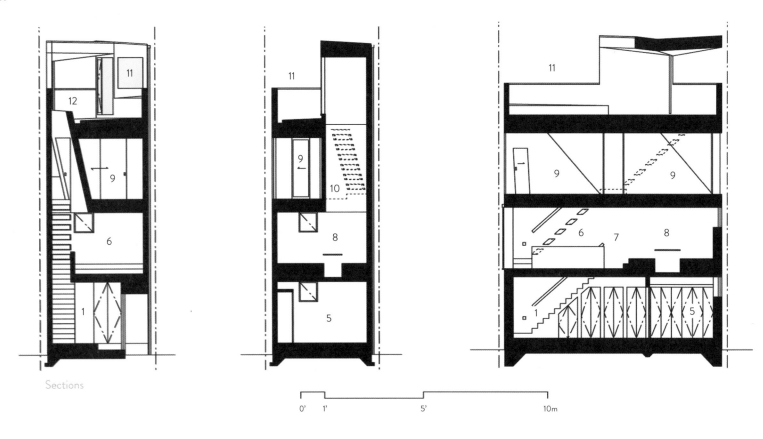

Sections

0'   1'   5'   10m

1. Entrance
2. Bicycle storage
3. Toilet
4. Bathroom
5. Parent's bedroom
6. Kitchen
7. Dining area
8. Living area
9. Children's bedroom
10. Void
11. Terrace
12. Skylight

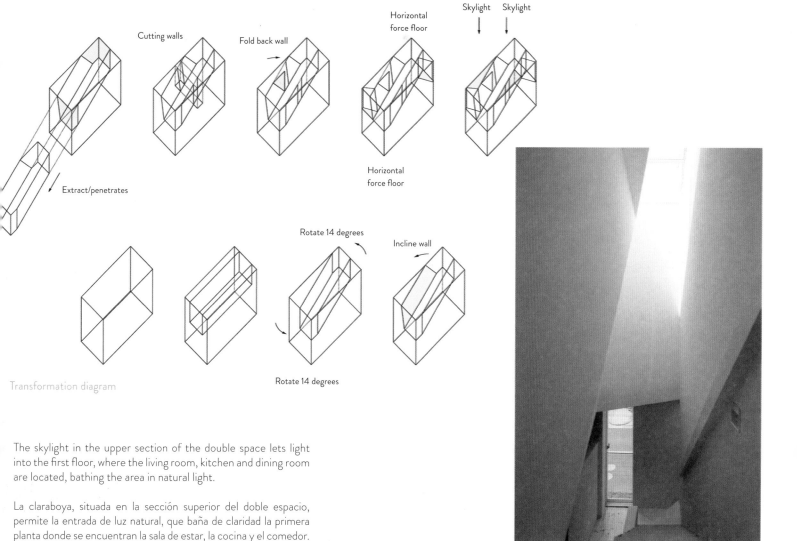

Cutting walls

Fold back wall

Horizontal force floor

Skylight Skylight

Extract/penetrates

Horizontal force floor

Rotate 14 degrees

Incline wall

Rotate 14 degrees

Transformation diagram

The skylight in the upper section of the double space lets light into the first floor, where the living room, kitchen and dining room are located, bathing the area in natural light.

La claraboya, situada en la sección superior del doble espacio, permite la entrada de luz natural, que baña de claridad la primera planta donde se encuentran la sala de estar, la cocina y el comedor.

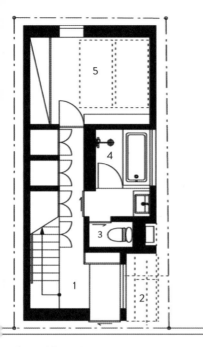

Ground floor plan

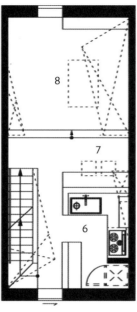

First floor plan

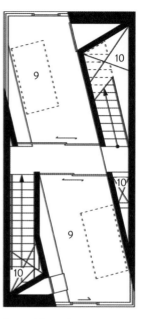

Second floor plan

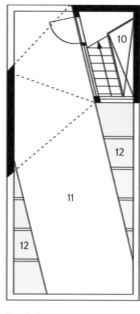

Roof plan

0   1   3m

The uneven floor and the polished concrete counter clearly define the different atmospheres without the need for walls or partitions, creating a bright space where the light flows unhindered.

El desnivel en el suelo y el mostrador de cemento pulido definen claramente los diferentes ambientes sin necesidad de paredes o tabiques, permitiendo crear un espacio diáfano donde la luz fluye sin obstáculos.

1. Entrance
2. Bicycle storage
3. Toilet
4. Bathroom
5. Parent's bedroom
6. Kitchen
7. Dining area
8. Living area
9. Children's bedroom
10. Void
11. Terrace
12. Skylight

PEAK

Satoshi Kurosaki / APOLLO Architects & Associates / Site area: 89.30 m² // 961.2 sq ft

Total floor area: 143.95 m² // 1549.4 sq ft / Sumida ward, Tokyo, Japan / Photo © Masao Nishikawa

This home is located in the old town area of eastern Tokyo, where the atmosphere of an industrial district still lingers. The client, who works at a large advertising agency, and his wife purchased the building site in an area where they had lived in for some years. Their primary request with regard to the design was that the house have a courtyard.

The three-story structure has reinforced concrete walls on the three sides facing neighboring homes, with open lines of sight only on the side facing the road. To prevent passersby from seeing inside, one-way mirror glass covers the large openings on the street side. On the southeast side, a courtyard topped with a void brings light and air into the home without loss of privacy, creating a resort-like atmosphere despite the urban location. The piloti-style garage on the first floor is separated from the covered entryway by a glass wall and steel door for enhanced security.

Esta casa está ubicada en la zona del casco antiguo del este de Tokio, donde aún perdura la atmósfera de un distrito industrial. El cliente, que trabaja en una gran agencia de publicidad, y su esposa compraron el edificio en un área donde habían vivido durante algunos años. Su solicitud principal con respecto al diseño fue que la casa tuviese un patio.

La estructura de tres pisos tiene paredes de hormigón reforzadas en los tres lados que dan a las casas vecinas, con líneas de visión abierta solo en el lado que da a la calle. Para evitar que los transeúntes vean el interior, el espejo unidireccional cubre las aberturas grandes en el lado de la calle. En el lado sureste, un patio rematado con un espacio aporta luz y aire a la casa sin perder la privacidad, creando una atmósfera de *resort* a pesar de la ubicación urbana. El garaje tipo "piloto" en el primer piso está separado de la entrada cubierta por una pared de cristal y una puerta de acero para una mayor seguridad.

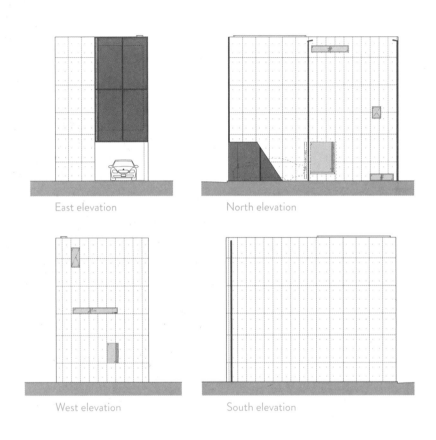

East elevation

North elevation

West elevation

South elevation

The low ceiling in the kitchen and dining areas contrasts with the two-story void above the living room and courtyard, which interact dynamically as light from the skylight plays over them. On the third floor the master and children's bedrooms sit side by side. A bridge, which is accessible from the bedrooms, offers a sweeping view over the interior and exterior scenery.

El techo bajo en las áreas de cocina y comedor contrasta con el vacío de dos pisos sobre la sala de estar y el patio, que interactúan dinámicamente cuando la luz del tragaluz juega sobre ellos. En el tercer piso, el dormitorio principal y el de los niños se encuentra uno al lado del otro. Un puente, al que se puede acceder desde las habitaciones, ofrec una vista panorámica del paisaje interior y exterior.

First floor

JAPANESE ROOM

LAUNDRY ROOM

BATH ROOM

POWDER ROOM

CAR PARKING

ENT

APPORACH

UP

ENTRANCE

Second floor

KITCHEN

DINING

LIVING

TERRACE

DN

UP

N

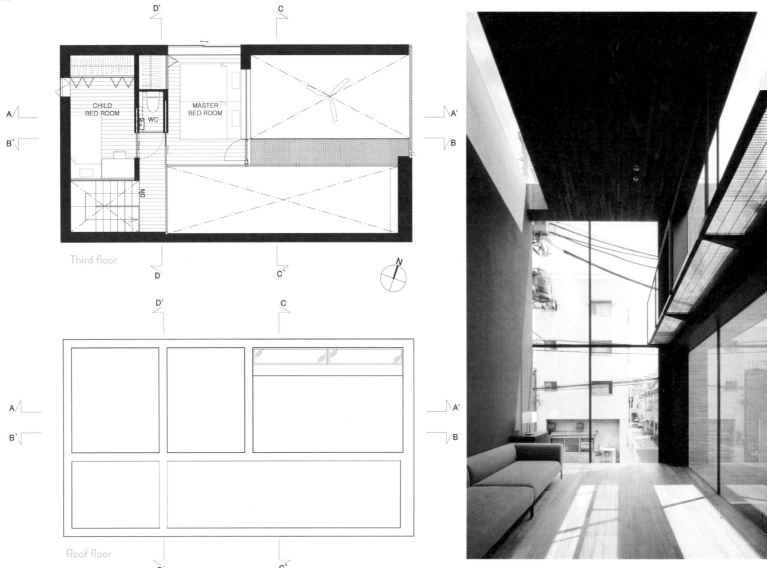

Third floor

Roof floor

CHILD BED ROOM
WC
MASTER BED ROOM
DN

N

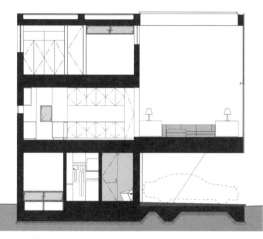

A-A' section

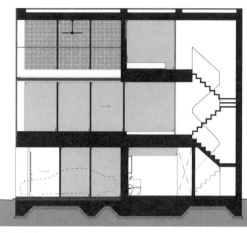

B-B' section

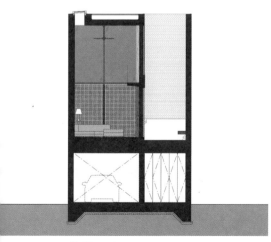

C-C' section

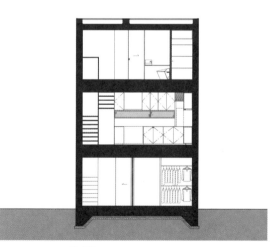

D-D' section

The first floor includes a bathroom with adjacent miniature garden of the type often found in hotels, and the client's study. The study is floored with tatami mats and can be used as a guest room as well as for working at the Japanese-style desk. On the second floor, a large open-plan living, dining, and kitchen area faces the courtyard, bringing the pleasures of outdoor living into the urban setting.

El primer piso incluye un baño con jardín adyacente en miniatura, parecido al que se encuentra a menudo en los hoteles, y el estudio del cliente. El estudio tiene el suelo con alfombras de tatami, se puede utilizar como habitación de invitados y también para trabajar en el escritorio de estilo japonés. En el segundo piso, una gran sala de estar, un comedor y una cocina de planta abierta dan al patio, trayendo los placeres de la vida al aire libre en el entorno urbano.

B HOUSE

I. HOUSE Architecture and Construction Jsc.   /   82.5 m² // 888 sq ft   /   Ho Chi Minh City, Vietnam

Photo © Le Canh Van, Vu Ngoc Ha

In the same way as many houses in Vietnam, this house was exposed to external elements like dust, noise and heat. As a result, the owner wanted a more active space in the interior, with green zones to create an open space inside the house which would foster interaction among the members of the family. Other initial requirements were to prioritise natural light and ventilation, respect the owner's culture and way of life, use locally sourced, environmentally friendly materials and lastly, create an office space. To achieve all this, the proposal was for a "double skin" house. The outer wall was made from hollow bricks to allow the wind, light and rain through and behind this was a green area with trees to filter the dust and reduce noise and heat, turning the house into a natural space. After this came the internal skin, with large glass panels to provide privacy without isolating the inhabitants from the outside.

Al igual que otras casas en Vietnam, esta estaba expuesta a agentes externos como el polvo, el ruido y el calor. Por esta razón, su dueño buscaba un espacio más activo en su interior con zonas verdes; crear un espacio abierto en el interior que propiciara la interacción entre los miembros de la familia. Otros requisitos iniciales eran dar prioridad a la luz natural y a la ventilación, respetar la cultura y forma de vida del dueño, usar materiales locales y que respetaran el medio ambiente y, por último, reservar un pequeño espacio como oficina. Para ello se propuso un diseño de "casa de doble piel": la externa, una pared con ladrillos huecos que permiten el paso del viento, la luz y la lluvia, tras la cual un un espacio con verdes árboles filtra el polvo y reduce el ruido y el calor en la casa convirtiéndola en un espacio natural. Después, la piel interna, con amplios paneles de cristal que dan intimidad pero sin aislarles del exterior.

1. Office lobby
2. Office
3. *Barringtonia racemosa* area
4. Kitchen
5. Back trees area
6. Trees area
7. Living room
8. Corridor bridge
9. Small bedroom 1
10. Void
11. Master bedroom
12. Altar room
13. Flat roof
14. Fix glass roof

0   1   2   5m

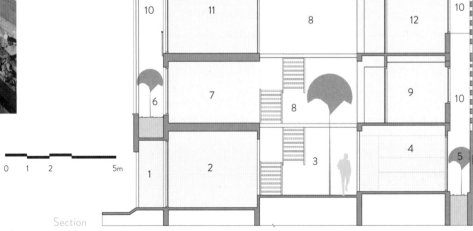

Section

A space was created for all the different generations to communicate: a swing for the children, a garden for the parents and grandparents, where they could relax and tend the plants and a kitchen to demonstrate their culinary skills.

Se creó un espacio donde todas las generaciones pueden comunicarse entre sí: el columpio para los más pequeños, el jardín para los padres y abuelos, donde relajarse y cuidar los árboles, y la cocina donde mostrar las habilidades culinarias.

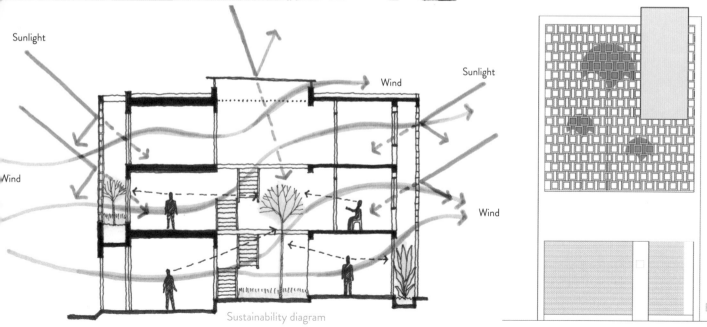

Sunlight

Sunlight

Wind

Wind

Wind

Sustainability diagram

Elevation

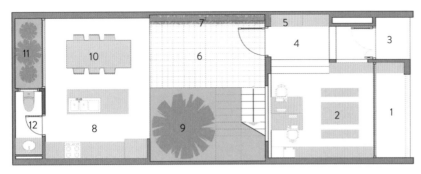

Ground floor plan

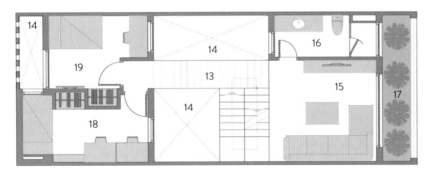

First floor plan

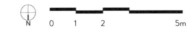

N 0   1   2   5m

1. Office lobby
2. Office
3. Side lobby
4. House lobby
5. Shoes cabinets
6. Inside yard
7. Bamboos
8. Kitchen area
9. *Barringtonia racemosa* area
10. Dining area
11. Back trees area
12. Toilet
13. Corridor bridge
14. Void
15. Living room
16. Toilet
17. Trees area
18. Small bedroom 1
19. Small bedroom 2
20. Master bedroom
21. Walk-in closet
22. Laundry room
23. Altar room
24. Drying area
25. Storage
26. Fix glass roof
27. Sliding glass roof
28. Flat roof
29. Water tank
30. Roof hole

The design solutions in this house—the trees, the glass covering which can be opened and the holes in the façade—allow the light and fresh air to permeate all areas of the house and create important energy savings.

Gracias a las soluciones de diseño de la casa —los árboles, la cubierta de cristal practicable así como los huecos de la fachada— se consigue que la luz y el aire fresco natural lleguen a todos los rincones, lo cual supone un importante ahorro energético.

ALEXANDRA RESIDENCE

naturehumaine architecture design / 306.58 m² // 3300 sq ft / Montreal, Canada / Photo © Adrien Williams

The client's priority was to maximize the natural light in their new live/work house in Montreal's Mile-Ex district. This was made challenging by the east-west orientation of the infill lot. However, our design fills even the core of the house with light through the implementation of a 2 storey light-well which runs the length of the southern side of the house. Additional light is reflected into this light-well by the client's office space - a white volume that sits atop the northern edge light-well. Spaces on the second storey also benefit from the light well's luminosity; the walls adjacent to it are fully glazed and a floor to ceiling piece of frosted glass brings a very soft light into the bathroom.
The expressive back facade of the house is defined by the angular geometry of the floating steel box.

La prioridad del cliente era maximizar la luz natural en su nueva casa para vivir/trabajar en el distrito Mile-Ex de Montreal. Esto fue difícil por la orientación este-oeste de la parcela a ocupar. Sin embargo, nuestro diseño llena incluso el núcleo de la casa con luz mediante la implementación de un patio de luces de 2 pisos que se extiende a lo largo del lado sur de la casa. La luz adicional se refleja en este patio de luces por el espacio de la oficina del cliente: un volumen blanco que se encuentra encima del patio de luces del extremo norte. Los espacios en el segundo piso también se benefician de la luminosidad del patio de luces; las paredes adyacentes están completamente acristaladas y una pieza de vidrio esmerilado que va desde el suelo hasta el techo brinda una luz muy suave al baño.
La expresiva fachada posterior de la casa está definida por la geometría angular de la caja de acero flotante.

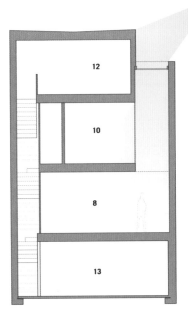

Cross section

0   4   8   12FT

2. Patio
4. Entrance
5. Vestibule
6. Kitchen
7. Dining room
8. Living room
10. Bathroom
12. Mezzanine / Office
13. Storage

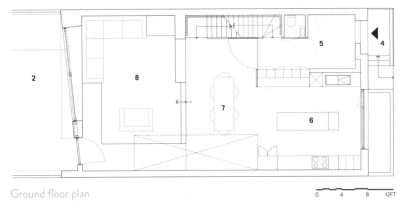

Ground floor plan

0   4   8   12FT

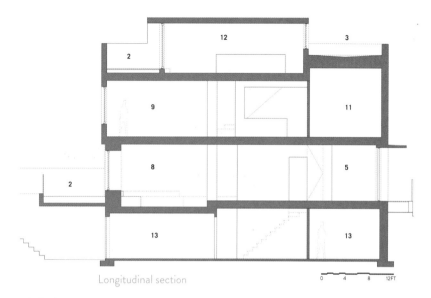

Longitudinal section

0   4   8   12FT

1. Garden
2. Patio
3. Green roof
4. Entrance
5. Vestibule
6. Kitchen
7. Dining room
8. Living room
9. Master bedroom
10. Bathroom
11. Bedroom
12. Mezzanine
13. Storage

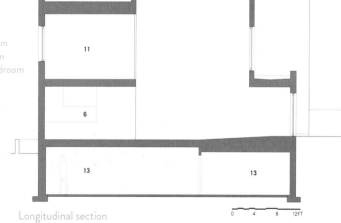

Longitudinal section

0   4   8   12FT

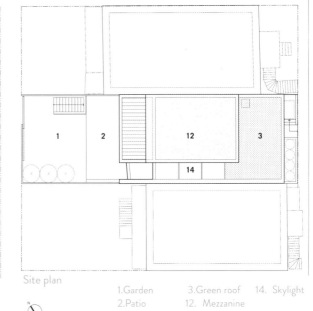

Site plan

1.Garden   3.Green roof 14. Skylight

2.Patio   12. Mezzanine

The front facade, however, is composed primarily of bricks to conform with the heritage character of the neighbourhood. Two disjuncted apertures break up the brick façade and are lined in aluminum. As only one side of the brick was glazed, a random mix of forward and backward facing bricks were laid to create a more dynamic façade.

La fachada frontal, sin embargo, está compuesta principalmente de ladrillos para ajustarse al carácter señorial del barrio. Dos aberturas disjuntas rompen la fachada de ladrillo y están revestidas de aluminio. Como solo se había barnizado un lado del ladrillo, se usó una mezcla aleatoria de ladrillos hacia delante y atrás para crear una fachada más dinámica.

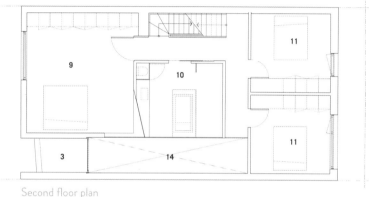

Second floor plan

2. Patio
3. Green roof
9. Master bedroom
10. Bathroom
11. Bedroom
12. Mezzanine
14. Skylight

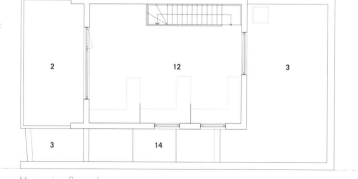

Mezzanine floor plan

0   4   8   12FT

SPIRAL WINDOW HOUSE

Alphaville Architects / 81 m² // 872 sq ft / Osaka, Japan / Photo © Kai Nakamura

The starting point for the design of the building was the client's wish to enjoy the views over the Yodo River and to have a raised terrace to watch the annual firework shows held in the vicinity. The plan proposed a spiral layout developing across three floors and reflected in a succession of openings in the façade, which would expand the house into its surroundings, with its domestic dimension providing the house with enough privacy. Triangular holes included in the different slabs create an interior pattern which connects the space and gives it continuity, from the entrance hall on the ground floor to the terrace on the upper floor.

La premisa de partida del diseño de esta vivienda fue el deseo del cliente de disfrutar de vistas sobre el río Yodo y de tener una terraza elevada donde contemplar el concurso anual de fuegos artificiales que allí se celebra. El proyecto plantea un esquema de distribución en espiral desarrollado en tres plantas y reflejado en la sucesión de aberturas de la fachada, que expanden la vivienda hacia el entorno y cuya dimensión doméstica dota de la necesaria privacidad a la vivienda. Unos huecos de forma triangular previstos en los diferentes forjados crean un recorrido interior que conecta y da continuidad al espacio, desde el hall de entrada de la planta baja hasta la terraza de la planta superior.

44

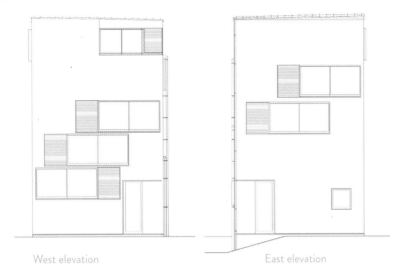

West elevation

East elevation

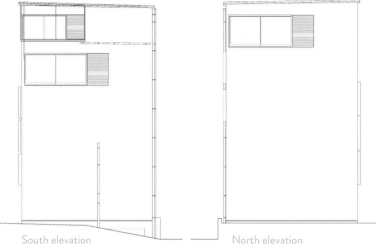

South elevation   North elevation

A vertical structure based on a steel frame construction on the outer cladding acts as a retaining wall and allows for the special positioning of the windows, which reflect the interior spiral layout.

Una estructura vertical a base de marcos de acero en la envolvente exterior actúa como muro portante y permite encajar la especial disposición de las ventanas, que refleja el esquema de distribución en espiral del interior.

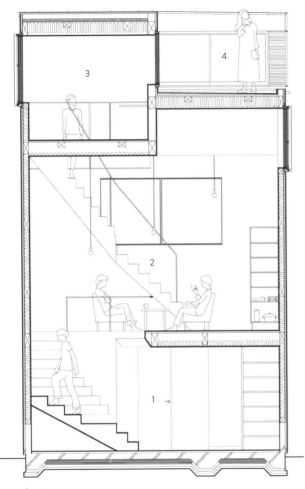

Section

1. Entrance
2. Living/Dining/Kitchen
3. Children's room
4. Terrace

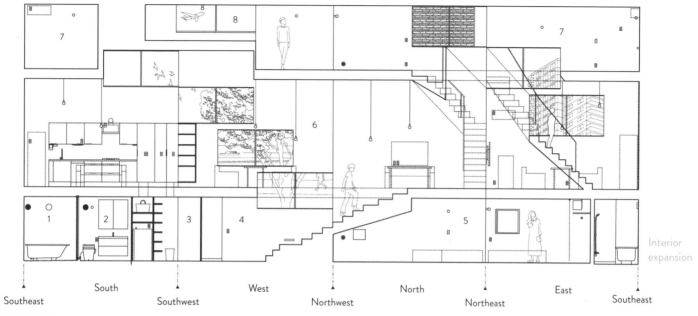

South

Southeast

West

Southwest

Northwest

North

Northeast

East

Southeast

Interior
expansion

1. Bathroom	5. Bedroom
2. Toilet	6. Living room
3. Storage	7. Children's room
4. Entrance	8. Terrace

The bright ascending spiral pattern finishes on the third floor, where we find the children's bedrooms and the small triangular terrace-viewing area requested by the client.

El luminoso recorrido ascendente en espiral acaba en la planta tercera, donde se sitúan la habitación de los niños y la pequeña terraza-mirador con forma triangular solicitada por el cliente.

NEST HOUSE

Satoshi Kurosaki / APOLLO Architects & Associates   Site area: 43.45 m² // 467.69 sq ft

Total Floor Area: 90.58 m² // 974.9 sq ft   Nagoya city, Aichi, Japan   Photo © Masao Nishikawa

This small house located within a commercial area near Nagoya station is built on a lot with 43 sqm in steel frame structure of three levels, while building area is less than just 33 sqm. The chic building exterior, covered with brown-colored louver and exterior wall with gray-colored spray paint, looks as if like a nest of a bird.

The 1st floor level consists of a garage space in a piloti style for a small car, the entrance to the house at the end of the approach, and a main bedroom, while the 2nd floor level is compactly provided with a children's room and water section. The entire space of the main bedroom is treated as furniture to be conscious about the tightness of the space, thus a bed with storable mattress was provided along with a headboard equipped with indirect lighting system, creating a cozy and intimate atmosphere only available within such "tight" space.

Esta pequeña casa ubicada dentro de un área comercial cerca de la estación de Nagoya está construida en una parcela de 43 m² en un marco estructural de acero de tres niveles, mientras que el área de construcción es de menos de 33 m². El exterior elegante del edificio, cubierto con persianas de color marrón y paredes exteriores pintadas con espray de color gris, da la apariencia de un nido de pájaro.

El primer piso consiste en un espacio de garaje con un estilo "piloto" para un automóvil pequeño, la entrada a la casa al final de la perspectiva y un dormitorio principal, mientras que el segundo nivel está provisto de una habitación para los niños y una sección de agua. Todo el espacio de la habitación principal está tratado como mobiliario pensado para la rigidez del espacio, por lo que se proporcionó una cama almacenable junto con un cabecero equipado con sistema de iluminación indirecta, creando un ambiente acogedor e íntimo, perfecto para un espacio tan "apretado".

50

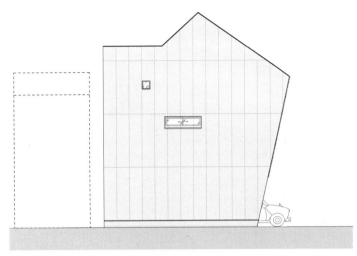

East elevation

North elevation

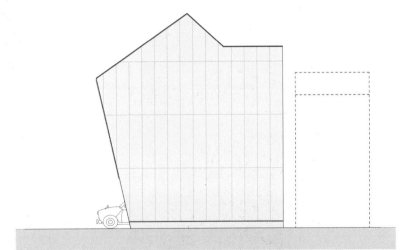

West elevation

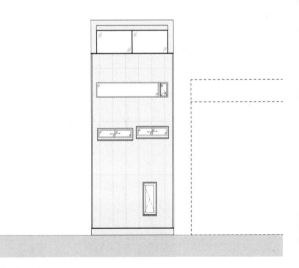

South elevation

B-B Section

BALCONY2

LDK

BALCONY1

CHILDREN ROOM

STUDY CORNER

WASH ROOM

ENT

WC

BED ROOM

A-A Section

LDK

BALCONY2

WASH ROOM

STORE ROOM

CHILDREN ROOM

BALCONY1

BED ROOM

ENT. HALL

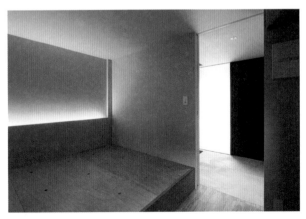

The children's room on the 2nd floor level is intentionally kept as an open layout continuous to the staircase area, allowing to be used as a multi-purpose space for adding spatial flexibility to the entire house. Because of this house in such small configuration, it is necessary to provide a niche space beyond pure functionality.

La habitación de los niños en el segundo piso se mantiene intencionalmente como un diseño abierto continuo al área de la escalera, lo que permite ser utilizado como un espacio polivalente para añadir flexibilidad espacial a toda la casa. Debido a que esta casa tiene una configuración tan pequeña, es necesario proporcionar un espacio específico más allá de la funcionalidad pura.

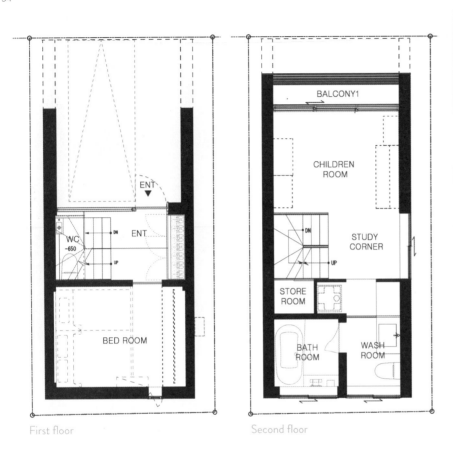

First floor

Second floor

A cockpit-style kitchen is provided on the 3rd floor level, this kitchen is connected to a compact dining table to make the space as a central focus of the house. The finish of the built-in kitchen and the interior is consistent by the use of lauan plywood, creating a sense of unity within the small space and pleasant feeling from its fine details.

El tercer piso dispone de una cocina estilo cabina. Esta cocina está conectada a un mesa de comedor compacta para hacer de este espacio el centro de atención d la casa. El acabado de la cocina empotrada y el interior es consistente mediante uso de madera contrachapada lauan, creando una sensación de unidad dentro d pequeño espacio, y una impresión agradable por sus delicados detalles.

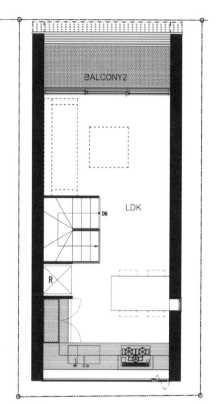

Third floor

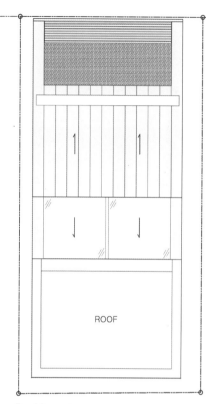

Roof floor plan

The top light above the double-height living space provides ample daylight, creating an open atmosphere with the view to the sky. Louver of the balcony allows visibility from inside, while the sight from the outside is blocked to control the privacy level. This is the prototype of an urban residence, realizing the originality of the client by making the best use of the site conditions.

La luz superior sobre el espacio habitable de doble altura proporciona una amplia luz natural, creando una atmósfera abierta con vistas al cielo. La persiana del balcón permite la visibilidad desde el interior, mientras que la vista desde el exterior está bloqueada para controlar el nivel de privacidad. Este es el prototipo de una residencia urbana, respetando la originalidad del cliente, haciendo el mejor uso de las condiciones del lugar.

A PRIVATE RETREAT

HYLA Architects / Principal Architect: Mr. Han Loke Kwang / Assistant Architect: Tiffany Ow

Site area: 308 m² // 3315 sq ft / Eng Kong Garden, Singapore / Photo © Mr. Derek Swalwell

Eng Kong Garden is a typical 3-storey semi-detached house in Singapore with a site area of about 300sqm. A timber-clad facade greets the visitor to this private semi-detached house. The house opens upon to the side garden with its timber deck and lap pool.

Aware of the fact that the neighbour's house is just a stone's throw away, the wall along the side elevation features a large solid white wall, with a timber slatted corridor which looks down to the pool below. This wall extends below the second story floor, framing the view of the garden and the lap pool. The view into the neighbour's house is thus kept to a minimum. Vertical timber strips on the front façade form a delicate screen around the living spaces, providing some delight and a measure of privacy for its inhabitants. While interior spaces are mostly obscured from public view in the morning, they become visible at night as the interior lighting passes through the gaps between the timber strips on the façade, which is a visual delight.

Eng Kong Garden es una típica casa adosada de 3 plantas en Singapur con un área de aproximadamente 300 m². Una fachada revestida de madera da la bienvenida al visitante a esta casa adosada privada. La casa se abre al jardín lateral con su cubierta de madera y una piscina alargada.

Consciente del hecho de que la casa del vecino está a tiro de piedra, la pared elevada situada en el lateral de la casa presenta un gran muro blanco y sólido, con un pasillo hecho de listones de madera a través de los cuales se ve la piscina situada por debajo. Esta pared se extiende por debajo del segundo piso, enmarcando la vista del jardín y de la piscina. La vista hacia la casa del vecino se mantiene lo más mínima posible. Las franjas verticales de madera en la fachada frontal forman una delicada pantalla alrededor de los espacios habitables, lo que proporciona cierto deleite y un nivel de privacidad para sus habitantes. Mientras que los espacios interiores se ven oscurecidos en su mayoría por la mañana debido a la vista pública, estos se hacen visibles por la noche cuando la iluminación interior pasa a través de los huecos entre las franjas de madera en la fachada, lo cual es una delicia visual.

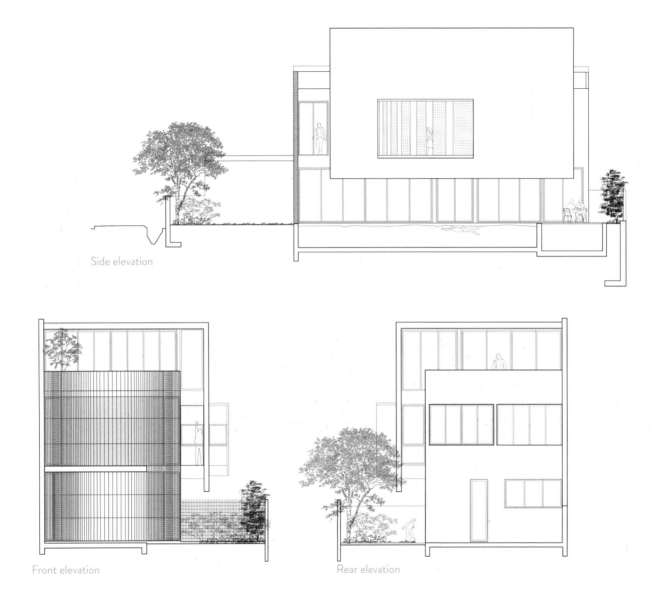

Side elevation

Front elevation

Rear elevation

The staircase opens up in the middle of the house and an elliptical skylight brings in light to this space. The staircase splits the house in two volumes; the front houses the living, dining, family room, bedroom and lounge, while the back houses the dry and wet kitchen, study, bedrooms, master bedroom.

La escalera se abre en la mitad de la casa y un tragaluz elíptico ilumina este espacio. La escalera divide la casa en dos volúmenes; el frontal alberga la sala de estar, el comedor, la sala familiar y el dormitorio, mientras que la parte posterior alberga la cocina, el estudio, dormitorio principal y resto de dormitorios.

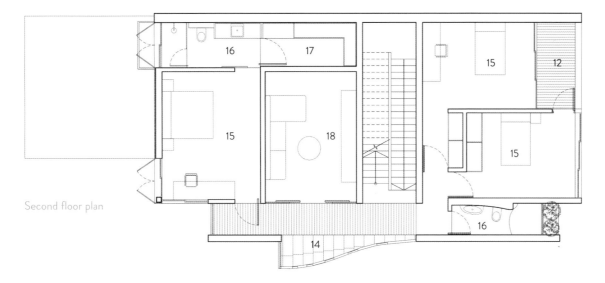

Second floor plan

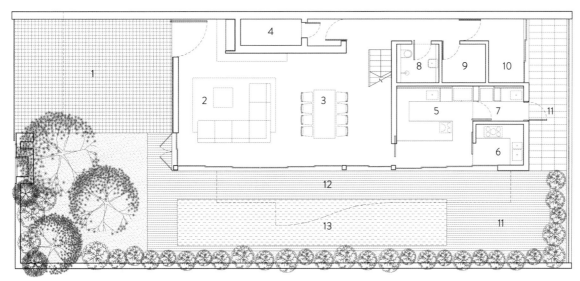

First floor plan

1. Carporch
2. Living
3. Dining
4. Shelter
5. Dry kitchen
6. Wet kitchen
7. Laundry
8. Powder
9. Utility
10. Study
11. Open terrace
12. Covered terrace
13. Swimming pool
14. Balcony
15. Bedroom
16. Bathroom
17. Walk-in wardrobe
18. Family room
19. Master bedroom
20. Master bathroom
21. Lounge

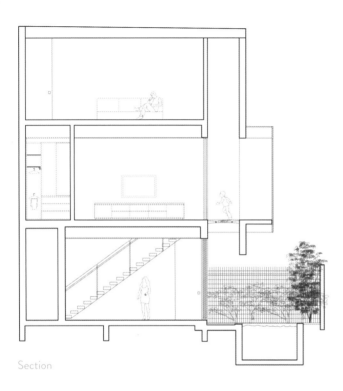

Section

The 3rd storey has a lounge room which opens to the roof terrace. An open shelf with varying widths and heights reflect the design of the front facade, which also has its timber members reducing in width towards the edges.

La tercera planta tiene una sala de estar que se abre a la terraza de la azotea. Una plataforma abierta con diferentes grosores y alturas refleja el diseño de la fachada frontal, la cual tiene también sus piezas de madera reduciendo el ancho hacia los bordes.

Attic plan

HOUSE 1

modernest / 116 m² + basement // 1,248 sq ft / Toronto, Ontario, Canada / Photo © Steven Evans

This house sits on a narrow plot in a pretty street with mature trees and modest hundred-year-old houses. The house is a rectangular volume, nestled between the neighbouring houses and constructed to respect the urban context.

Clad in a skin of natural dark wood and with large windows, the set back entrance forms an inviting outer covered lobby. At the back, the second floor projects out over the first, creating a charming covered terrace. A basement with a bedroom, bathroom and utility room, completes the house.

The character of the house is defined by a modern aesthetic using a simple palette of natural materials, innovative details and a strategic use of colour.

Esta vivienda se asienta en un estrecho solar de una preciosa calle con árboles maduros y modestas casas centenarias. La casa, un volumen rectangular enclavado entre las casas vecinas, se ha construido respetando su contexto urbano.

Revestida en una piel negra de madera natural y con grandes ventanales, su entrada retranqueada forma un vestíbulo exterior cubierto que invita a entrar. En su parte trasera, la segunda planta se proyecta mas allá de la primera, creándose una acogedora terraza cubierta. Un sótano —con una habitación, un cuarto de baño y lavadero— completa el programa de esta vivienda.

El carácter de esta casa se define por una estética moderna que emplea una paleta simple de materiales naturales, detalles innovadores y un estratégico empleo del color.

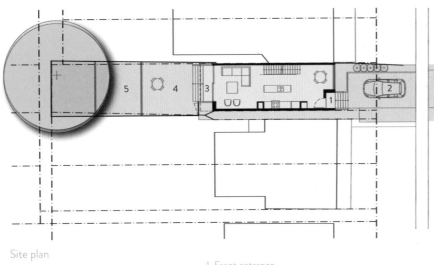

Site plan

1. Front entrance
2. Parking
3. Back deck
4. Outdoor dining
5. Rear yard

The high ceilings and open plan create a sense of space in the communal areas. The large windows and glass doors extend up to the ceiling and provide a link to the outside.

Los techos altos y el plano abierto crean sensación de amplitud en la zonas comunes. Las grandes ventanas y puertas de cristal se extienden hasta el techo y proporcionan una fuerte conexión con el paisaje exterior.

68

First floor plan

The interior layout is based around an open staircase which reinforces the house's modern and minimalist aesthetic, with the glass covering providing the space with a sense of light.

La distribución interior se articula alrededor de una escalera abierta que refuerza la estética moderna y minimalista de la casa y cuya cubierta acristalada aporta luminosidad al espacio.

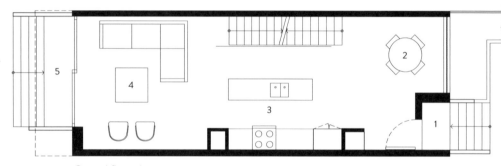

Ground floor plan

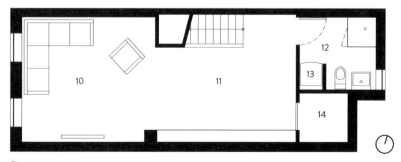

Basement

1. Front entrance
2. Dining room
3. Kitchen
4. Living room
5. Back deck
6. Bedroom 1
7. Bedroom 2
8. Master bedroom
9. Bathroom
10. Den
11. Rec room
12. Bathroom
13. Laundry
14. Utility room

The large bedroom window acts as a frame for a view of a 150-year-old ash tree, symbol of the neighbourhood and the crown of which extends over the top of the house.

Como si de un cuadro se tratase, la gran ventana del dormitorio enmarca la vista a un fresno de 150 años, signo de identidad del vecindario, cuya copa se extiende por encima de la casa.

HOUSE WITH FUTOKORO

MIZUISHI Architect Atelier / 108 m² // 1,164 sq ft / Nukuikitamachi, Japan / Photo © MIZUISHI Architect Atelier

The layout of this two-storey building was designed on a south-north axis to avoid proximity to nearby buildings on the east and west façades and aids natural ventilation. Above a double-height porch, enclosed on the ground floor by a wooden trellis, the floors are organised as open and continuous spaces, connected functionally and visually by a staircase and a small courtyard with a skylight. The walls of the two side façades are conceived of as a sixty centimetres wide structural band made of thin walls and small wooden pillars containing empty spaces (futokoro, in Japanese) to house furniture, work tables or storage areas.

La distribución de esta vivienda de dos plantas se planteó sobre un eje sur-norte que elude la proximidad de los edificios colindantes a las fachadas este y oeste, y que favorece la ventilación natural. Tras un porche a doble altura cerrado en planta baja por una celosía de madera, las plantas se organizan como espacios abiertos y continuos conectados visual y funcionalmente por una caja de escalera y un pequeño patio dotado de un lucernario. Los cerramientos de las dos fachadas laterales se conciben como una franja estructural de sesenta centímetros de ancho compuesta de delgadas paredes y pequeños pilares de madera, que contiene espacios huecos (futokoro, en japonés) donde se sitúan muebles, mesas de trabajo o zonas de almacenamiento.

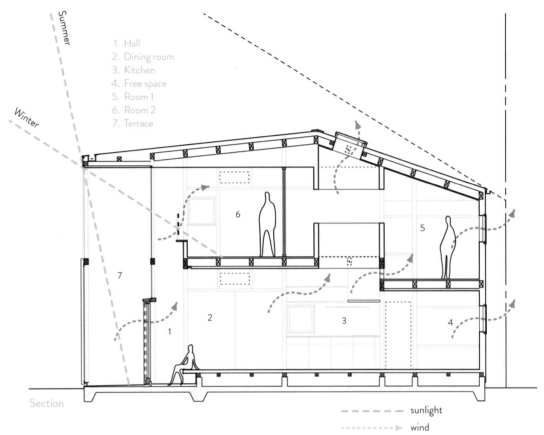

Summer

Winter

1. Hall
2. Dining room
3. Kitchen
4. Free space
5. Room 1
6. Room 2
7. Terrace

Section

- - - - sunlight
- - - - wind

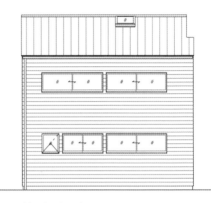

North elevation

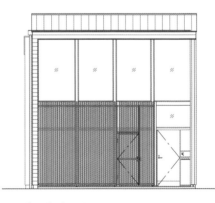

South elevation

The wide windows on the southern façade extend the house out towards the entrance porch and, along with the skylight over the central courtyard, ensure plenty of natural light comes in.

Los amplios ventanales de la fachada sur extienden el ámbito de la vivienda hacia el porche de entrada y, junto al lucernario situado sobre el patio central, garantizan la entrada de luz natural en el interior.

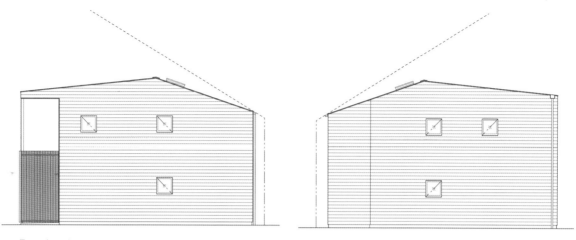

East elevation

West elevation

Site plan

N

74

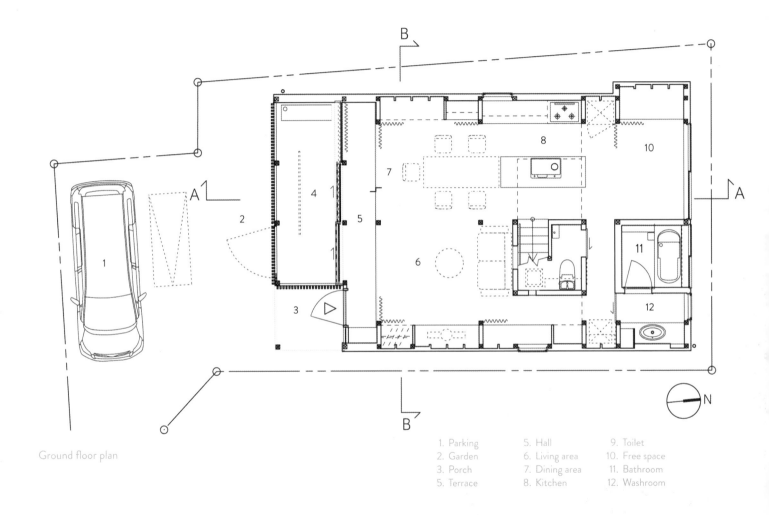

Ground floor plan

1. Parking   5. Hall   9. Toilet
2. Garden   6. Living area   10. Free space
3. Porch   7. Dining area   11. Bathroom
5. Terrace   8. Kitchen   12. Washroom

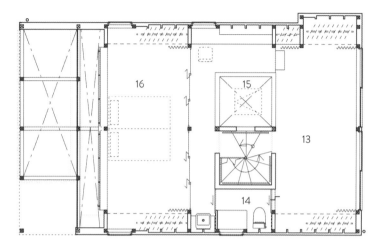

First floor plan

13. Bedroom 1
14. Toilet/ Storage
15. Study area
16. Bedroom 2

The first floor bedroom in the northern part of the house is at a lower level to adapt to the contour of the roof; a space between the two levels provides fluidity to the interior space and aids cross ventilation.

La habitación de la zona norte de la primera planta se sitúa a una cota inferior para adaptarse al perfil de la cubierta; un hueco entre los dos niveles de la planta aporta fluidez al espacio interior y favorece la ventilación cruzada.

Section

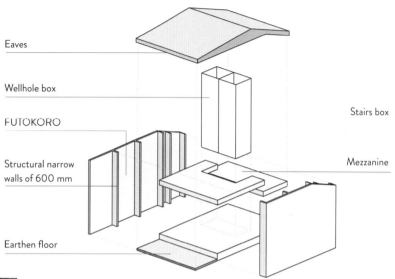

Eaves

Wellhole box

FUTOKORO

Structural narrow
walls of 600 mm

Earthen floor

Stairs box

Mezzanine

Axonometry

The central nucleus acts as a divider between the two bedrooms. The white walls amplify the zenith lighting, converting it into a unique element in a house where the use of wood predominates.

El núcleo central actúa como separador de las dos habitaciones. Sus paramentos de color blanco transmiten la luz cenital y lo convierten en un elemento singular dentro de un entorno caracterizado por el uso predominante de la madera.

STACKED HOUSE

naturehumaine architecture design // 234 m² // 2520 sq ft // Montreal, Canada // Photo © Adrien Williams

This project was done in collaboration with the client who wished to build his own home. The site is located in a back alley of Montréal's Plateau neighbourhood and the design reflects the patchwork of extensions and renovations typically found in Plateau alleyways. The constraints of the site called for a house that was built upwards versus outwards. Four boxes clad in different materials are stacked one on top of the other. A void carved out of the center of the house, provides daylight, ventilation, and private outdoor space.

Este proyecto se realizó en colaboración con el cliente, el cual deseaba construir su propia casa. El sitio está ubicado en un callejón trasero del barrio Plateau de Montreal y el diseño refleja el mosaico de extensiones y renovaciones que se encuentran típicamente en los callejones de Plateau. Las limitaciones del lugar exigían una casa que se construyese hacia arriba y hacia afuera. Cuatro cajas revestidas en diferentes materiales se apilan unas encima de las otras. Un espacio vacío construido en el centro de la casa proporciona luz natural, ventilación y espacio privado al aire libre.

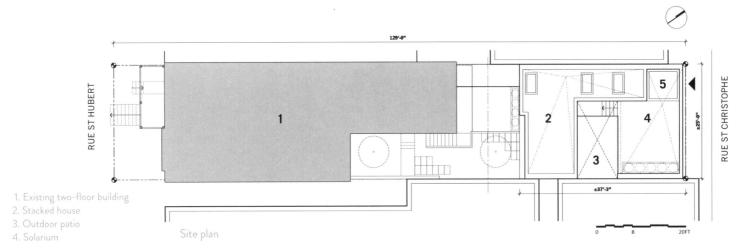

1. Existing two-floor building
2. Stacked house
3. Outdoor patio
4. Solarium
5. Spa

Site plan

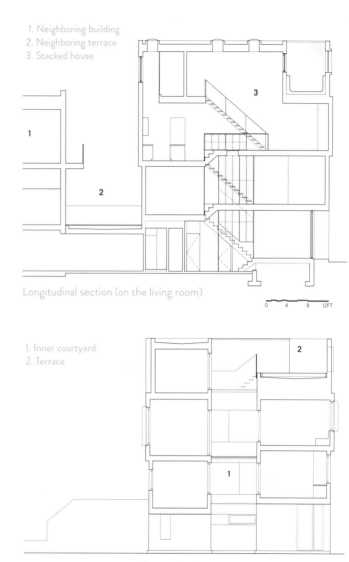

1. Neighboring building
2. Neighboring terrace
3. Stacked house

Longitudinal section (on the living room)

0   4   8   12FT

1. Inner courtyard
2. Terrace

Longitudinal section (on the inner courtyard)

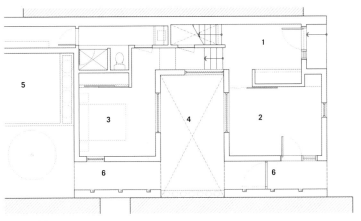

Ground floor

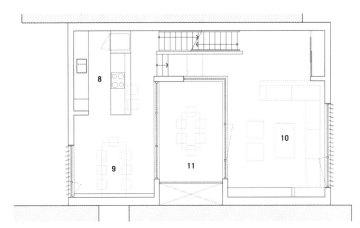

Second floor

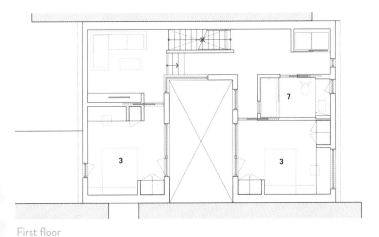

First floor

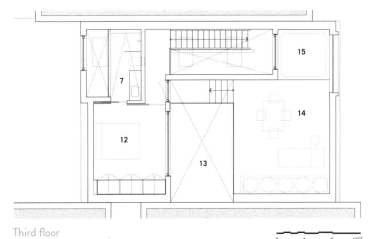

Third floor

0   4   8   12FT

1. Entry
2. Atelier
3. Bedroom
4. Interior patio
5. Neighboring terrace

6. Direct access to the patio and garden
7. Bathroom
8. Kitchen
9. Dining room
10. Living room

11. Outdoor terrace
12. Master bedroom
13. Outdoor patio
14. Solarium
15. Spa

HOUSE T

Hiroyuki Shinozaki Architects / Tokyo, Japan / Photo © Hiroyasu Sakaguchi

The large rectangular openings in the walls and mezzanines create an open and interconnected space, like a stage with different levels. The various types of steps connecting the framed rooms create a feeling of progression, while the lights hanging at different levels create a floating sensation.
Staircases can also be used as additional storage space. Here, as well as connecting the main floor with the kitchen and dining room on the upper level, it houses a library.

Las grandes aberturas rectangulares en las paredes y los entrepisos crean un espacio abierto e interconectado, como un escenario con diferentes niveles. Los diversos tipos de escalones que conectan las habitaciones enmarcadas crean una sensación de progresión, mientras que las luces que cuelgan a diferentes niveles crean una sensación flotante.
Las escaleras también se pueden usar como espacio de almacenamiento adicional. Aquí, además de conectar el piso principal con la cocina y el comedor en el nivel superior, se alberga una biblioteca.

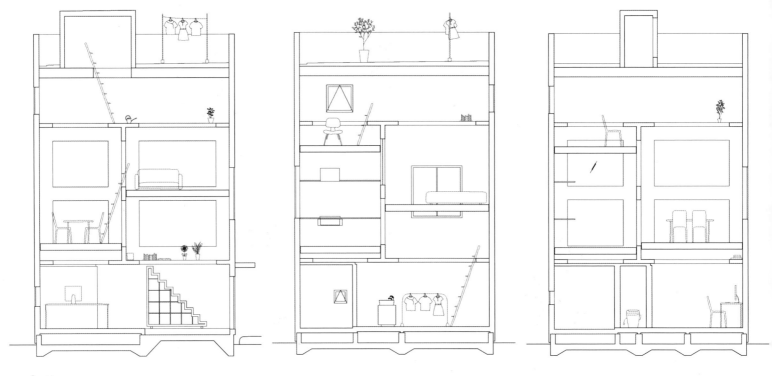

Sections

Ceiling fans are a good choice as a means of air conditioning. They are decorative and eco-friendly: they do not pollute the environment with CO_2 and use very little energy.

Los ventiladores de techo son una buena opción como medio de aire acondicionado. Son decorativos y ecológicos: no contaminan el medio ambiente con CO_2 y gastan muy poca energía.

The lamps hang down from the top of the box until they reach ceiling height of each floor, as if lighting a floating stage.

Las lámparas cuelgan desde la parte superior del espacio hasta que alcanzan la altura del techo de cada piso, como si estuvieran iluminando un escenario flotante.

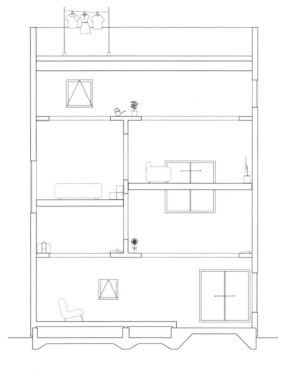

Section

In open spaces, take advantage of any uneven floor levels to separate each of the functions of the dwelling.

En espacios abiertos, aprovecha cualquier nivel desigual del piso para separar cada una de las funciones de la vivienda.

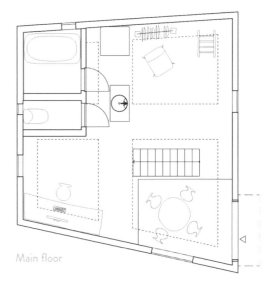

Main floor

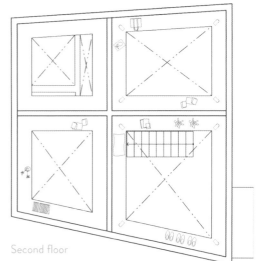

Second floor

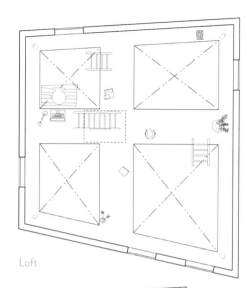

Loft

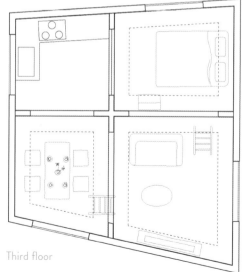

Third floor

SUSTAINABLE COHOUSING

SKP Architecture / Bagnolet, France / Photo © SKP Architecture

On a narrow plot, this project brings together two energy-efficient dwellings that, from an ecological point of view, blend harmoniously with their surroundings. Despite the contradiction between building individual houses while seeking sustainable urban development, this project does not fall short of environmental considerations, rather it is a sustainable building that meets current energy efficiency challenges.

The external cladding, using vertical slats of wood, presents a narrower separation between openings and windows in order to protect the view from both inside and out.

En una parcela estrecha, este proyecto reúne dos viviendas energéticamente eficientes que, desde un punto de vista ecológico, se combinan armoniosamente con su entorno. A pesar de la contradicción entre la construcción de casas individuales y la búsqueda de un desarrollo urbano sostenible, este proyecto no se queda corto en consideraciones medioambientales, sino que es un edificio sostenible que cumple con los desafíos actuales de eficiencia energética.

El revestimiento externo, utilizando listones verticales de madera, presenta una separación más estrecha entre las aberturas y las ventanas con el fin de proteger la vista tanto por dentro como por fuera.

In urban environments, with high population densities, the design of the façade must take into account the degree of privacy that can be afforded to any inhabitants.

En entornos urbanos, con altas densidades de población, el diseño de la fachada debe tener en cuenta el grado de privacidad que se puede brindar a cualquier habitante.

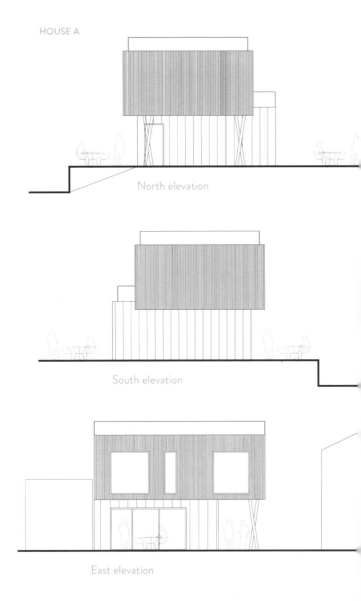

HOUSE A

North elevation

South elevation

East elevation

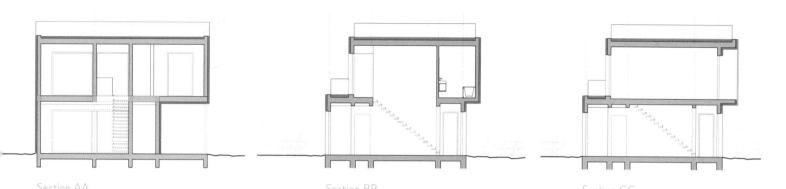

Section AA

Section BB

Section CC

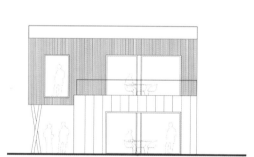

West elevation

Prefabricated structures are becoming commonplace in urban housing construction; they represent tangible cost savings and are environmentally sustainable.

Las estructuras prefabricadas se están convirtiendo en algo común en la construcción de viviendas urbanas; representan un ahorro de costes tangible y son sostenibles para el medioambiente.

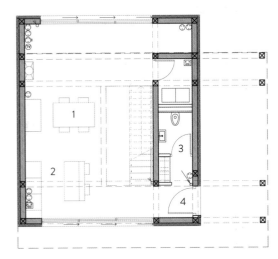

Main floor

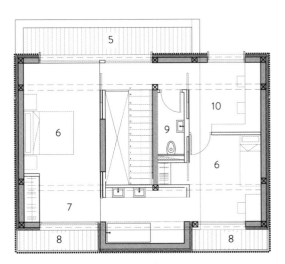

Second floor

1. Living/Dining room
2. Kitchen
3. Powder room
4. Entrance
5. Terrace

6. Bedroom
7. Dressing room
8. Gallery
9. Bathroom
10. Study

Although the classic approach continues to have its place, innovation in the design of staircases, as well as spatial alternatives, can result in solutions that are as original as they are useful.

Aunque el enfoque clásico sigue teniendo cabida, la innovación en el diseño de las escaleras, así como las alternativas espaciales, pueden dar como resultado soluciones tan originales como útiles.

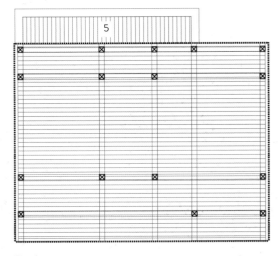

Rooftop

HOUSE B

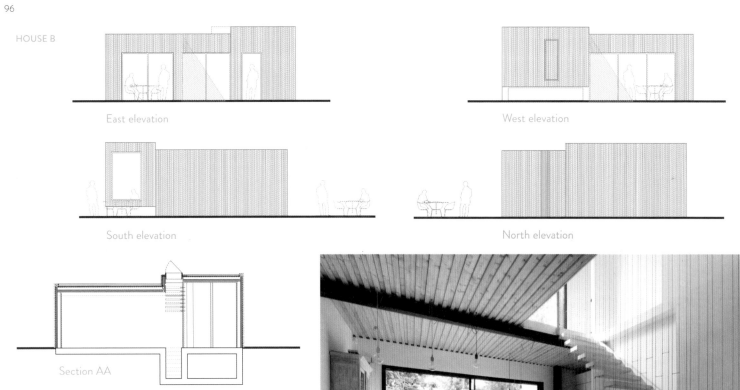

East elevation

West elevation

South elevation

North elevation

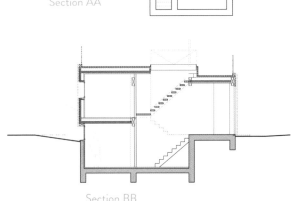

Section AA

Section BB

1. Kitchen
2. Living/Dining room
3. Entrance
4. Powder room
5. Bathroom
6. Bedroom

ound floor

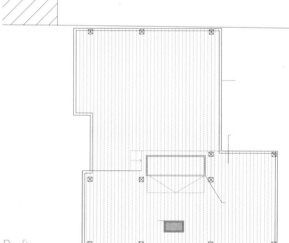

Rooftop

HOUSE CJ5

Caramel / 103 m² // 1,107 sq ft / Vienna, Austria / Photo © Hertha Hurnaus

The design of this house addresses the issue of sustainable urban density on the outskirts of Vienna. It is a design which maintains the qualities of a single-family home, with a lush garden and terrace, but with much larger building density. This has been made possible by using a narrow floor plan, an external connection between the different living areas, a garden with a central atrium and illuminated areas focused horizontally and vertically. With regards to energy, the house is completely self-sufficient. It is supplied by solar panels on the south-facing areas of the roof and by an air-to-water heat pump. It has also been designed as a low energy consumption house.

El diseño de esta vivienda aborda la cuestión de densidad urbana sostenible en las afueras de Viena. Se plantea un diseño que mantiene las cualidades de una casa unifamiliar, con un frondoso jardín y una terraza, pero con una densidad de construcción mucho mayor. Esto ha sido posible mediante una disposición de planta estrecha, una conexión interna entre las diferentes zonas de estar, un jardín con atrio central y áreas iluminadas enfocadas horizontal y verticalmente. En cuanto a energía, la casa es casi completamente independiente. Suministra sus propias necesidades desde los paneles fotovoltaicos en las zonas orientadas al sur de la azotea, y desde una bomba de calor aire-agua. También se ha desarrollado como una casa de bajo consumo energético.

1. Studio
2. Garden
3. Terrace
4. Living room
5. Kitchen/Dining room
6. Closet
7. Parking/Atelier
8. Home office
9. Bedroom

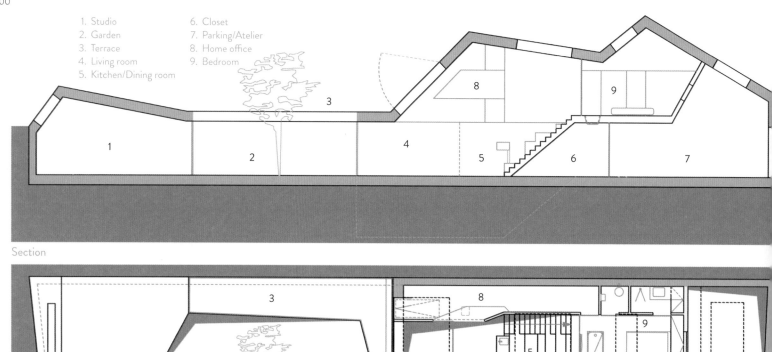

Section

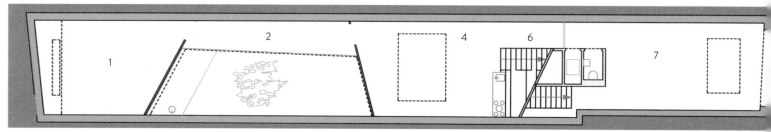

Upper floor plan

Lower floor plan

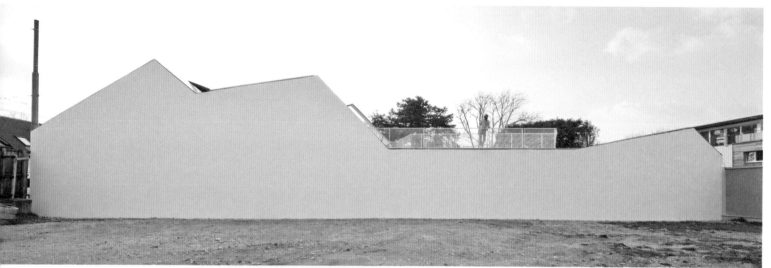

From outside, the entrance is through a relatively closed spatial white sculpture, which opens up vertically as it climbs from the studio garage at the entrance to the living room and the garden atrium.

Desde el exterior, se entra por una escultura espacial blanca relativamente cerrada, que luego continúa abriéndose verticalmente según se avanza desde el estudio garaje en la zona de entrada a la sala de estar y el jardín del atrio.

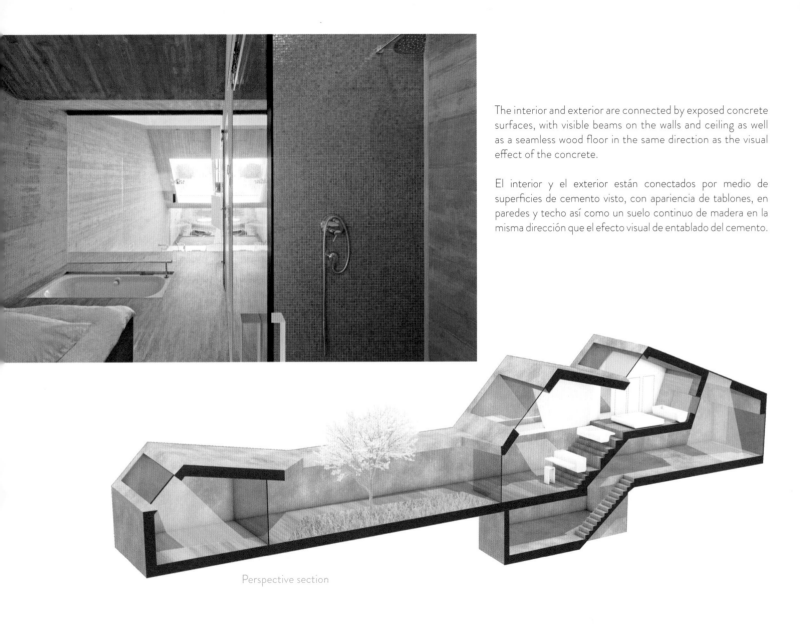

The interior and exterior are connected by exposed concrete surfaces, with visible beams on the walls and ceiling as well as a seamless wood floor in the same direction as the visual effect of the concrete.

El interior y el exterior están conectados por medio de superficies de cemento visto, con apariencia de tablones, en paredes y techo así como un suelo continuo de madera en la misma dirección que el efecto visual de entablado del cemento.

Perspective section

COMPLEX HOUSE

Tomohiro Hata Architect and Associates / 100 m² // 1,079 sq ft / Nagoya, Japan / Photo © Toshiyuki Yano

This two-storey family home is eye catching because of its unique façade with five roofs facing in alternate directions, creating unique lines of vision through the spaces formed.
The starting point for the project was to satisfy the client's demands for lots of bedrooms. To achieve this, a hallway on the upper floor leads to the different bedrooms and becomes an axis for the space which connects visually with the lower floor where the living areas are located, a guest area, a terrace and an inner courtyard with plants.

Esta vivienda unifamiliar de dos plantas llama la atención por su singular fachada de cinco tejados orientados en direcciones alternas, que crean líneas de visión únicas a través de los vacíos que se forman.
El punto de partida para desarrollar el proyecto fue satisfacer la demanda del cliente de que tuviera muchas habitaciones. Así, un pasillo en la planta superior conduce a los diferentes dormitorios, convirtiéndose en eje vertebrador del espacio que se comunica visualmente con la planta baja, donde se encuentran las zonas comunes, una zona de invitados, una terraza y un patio interior sembrado con plantas.

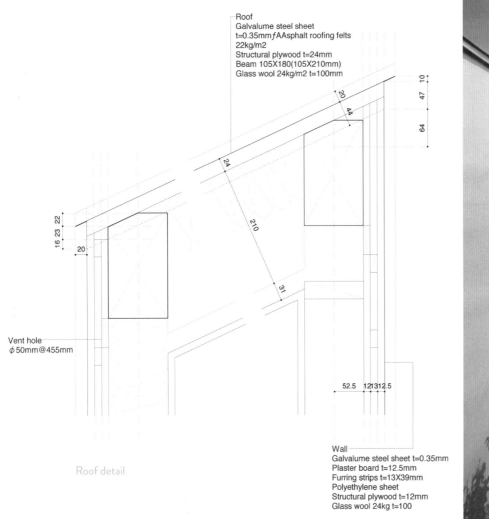

Roof
Galvalume steel sheet
t=0.35mmƒAAsphalt roofing felts
22kg/m2
Structural plywood t=24mm
Beam 105X180(105X210mm)
Glass wool 24kg/m2 t=100mm

10

47

64

20

44

24

210

31

16 23 22

20

Vent hole
φ50mm@455mm

52.5   1213 12.5

Wall
Galvalume steel sheet t=0.35mm
Plaster board t=12.5mm
Furring strips t=13X39mm
Polyethylene sheet
Structural plywood t=12mm
Glass wool 24kg t=100

Roof detail

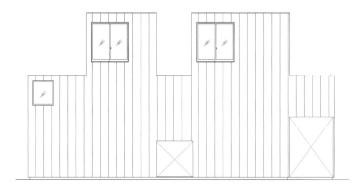

West elevation

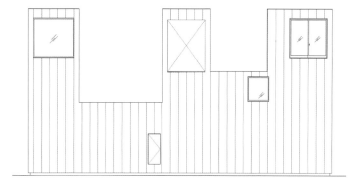

East elevation

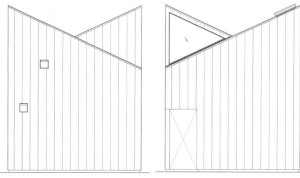

North elevation   South elevation

The exterior walls are lined with Galvalume steel sheets, joined vertically, the interior walls are white plaster and the floor throughout the house is cherry wood.

La paredes exteriores están revestidas de láminas de acero Gal-valume unidas verticalmente, las interiores de placas de yeso blanco, y el suelo de toda la vivienda es de madera de cerezo.

1. Guest room
2. Court
3. Bedroom
4. Toilet
5. Terrace

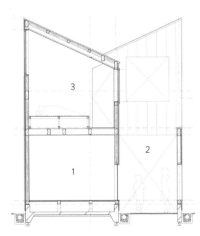
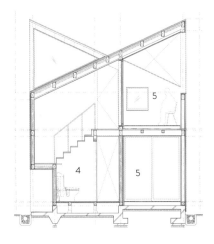

1. Living/Dining room
2. Kitchen
3. Child room 1
4. Child room 2

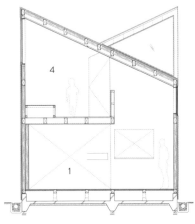

Sections

1. Wash room
2. Bathroom
3. Den
4. Porch
5. Court

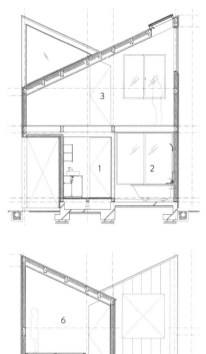

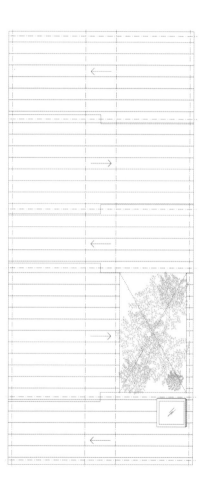

Sections

Roof plan

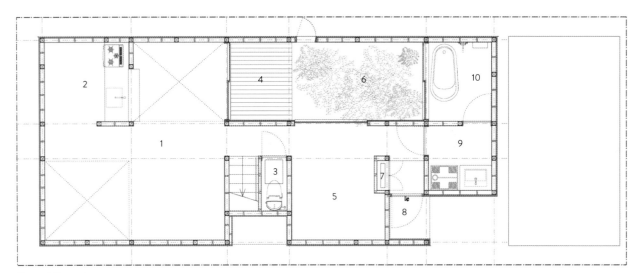

Ground floor plan

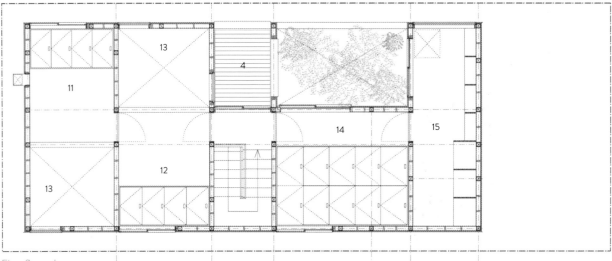

First floor plan

1. Living / Dining room
2. Kitchen
3. Toilet
4. Terrace
5. Guestroom
6. Court
7. Closet
8. Porch
9. Washroom
10. Bathroom
11. Child room 1
12. Child room 2
13. Void
14. Bedroom
15. Den

1532 HOUSE

Fougeron Architecture / 241.5 m² // 2600 sq ft / San Francisco, CA, USA / Photo © Richard Barnes Photography

This new house, infilled on an existing 25-foot wide lot in San Francisco, includes two distinct volumes separated by an interior courtyard. The front structure has a garage at street grade and a painting studio above; the back volume is the main house, with the bedrooms on the lower level, living spaces in the middle, and a master bedroom on the top floor. The design of this project uses two sectional moves: horizontal and vertical. The horizontal move creates two courtyards – in the middle and at the back of the house – while the vertical move digs the lower bedrooms down to the garage and street level. The combination of these two moves serves to interlock the house to the site and the surrounding urban fabric, thus interweaving the inside and outside spaces with a play of light and dark.

Esta nueva casa, asentada en una parcela existente de 25 pies de ancho en San Francisco, incluye dos volúmenes distintos separados por un patio interior. La estructura delantera tiene un garaje a nivel de calle y un estudio de pintura en la parte superior; la parte posterior es la casa principal, con los dormitorios en el nivel inferior, los espacios habitables en el medio y un dormitorio principal en el último piso. El diseño de este proyecto utiliza dos movimientos seccionales: horizontal y vertical. El movimiento horizontal crea dos patios: en el medio y en la parte posterior de la casa; mientras que el movimiento vertical cava los dormitorios inferiores hasta el garaje y a nivel de la calle. La combinación de estos dos movimientos sirve para enclavar la casa en el lugar y en el tejido urbano circundante, entrelazando así los espacios interiores y exteriores con un juego de luces y sombras.

The main floor of the house – an open floor plan with kitchen, dining and living spaces – is punctuated by a two-story space for the stair, and is on grade with the rear yard. A setback of the building on the third floor opens the house to spectacular views of the bay and the Golden Gate Bridge.

El piso principal de la casa (un plano de planta abierto con cocina, comedor y sala de estar) se ve interrumpido por un espacio de dos pisos para la escalera, y está en grado con el patio trasero. Una separación del edificio en el tercer piso abre la casa a unas vistas espectaculares de la bahía y el puente Golden Gate.

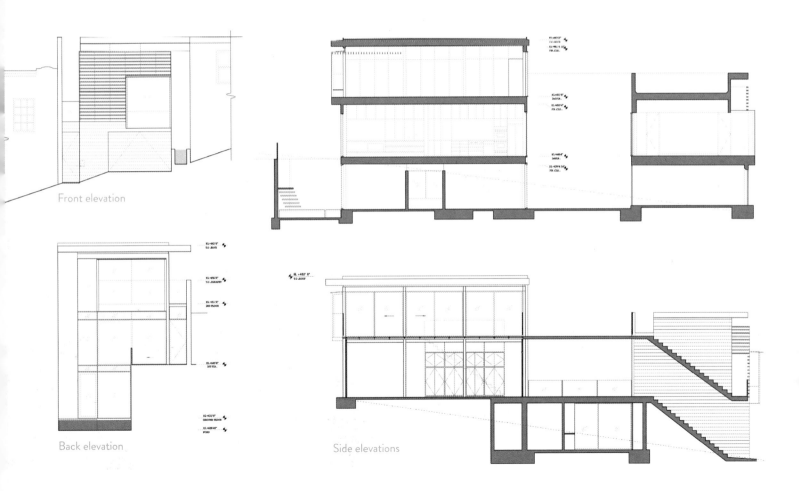

Front elevation

Back elevation

Side elevations

The house has seven outdoor spaces, all with distinctive qualities and views: the front deck at the studio, the deck on top of the studio, the lower level courtyard, the entry level deck off the courtyard, the back courtyard, the glass and wood walkway, and the backyard. These decks and spaces unfurl around the living areas of the house, thereby unlocking the visual complexity of the structure and its site.

La casa tiene siete espacios al aire libre, todos con cualidades y vistas distintivas: la cubierta delantera en el estudio, la cubierta en la parte superior del estudio, el patio inferior, la cubierta del patio en el nivel inicial, el patio trasero, la pasarela de cristal y madera, y el patio trasero. Estas cubiertas y espacios se despliegan alrededor de las áreas de estar de la casa, lo que desbloquea la complejidad visual de la estructura y de su lugar.

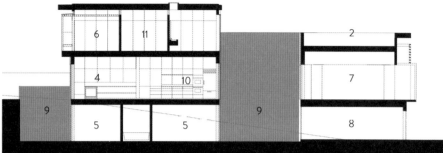

Section C

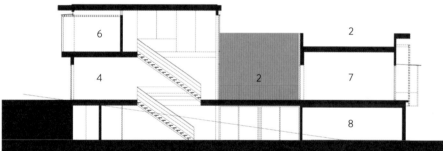

Section B

2. Deck
3. Bridge
4. Living
5. Bedroom
6. Master bedroom
7. Artist's studio
8. Garage
9. Courtyard
10. Kitchen
11. Study

This house boldly introduces a new building typology to San Francisco a home of courtyards and light that brings new life to the world of the city's residential architecture.

Esta casa presenta audazmente una nueva tipología de edificios en San Francisco, un hogar de patios y luz que da nueva vida al mundo de la arquitectura residencial de la ciudad.

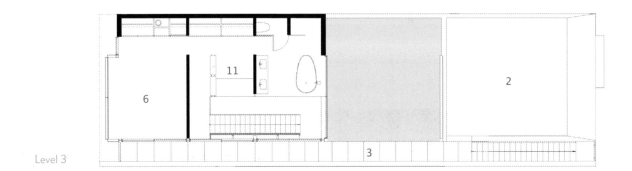

Level 3

1. Entry
2. Deck
3. Bridge
4. Living
5. Bedroom
6. Master bedroom
7. Artist's studio
8. Garage
9. Courtyard
10. Kitchen
11. Study

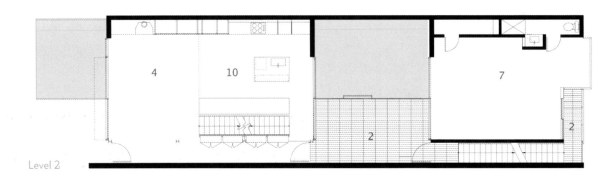

Level 2

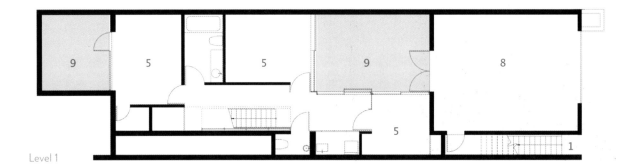

Level 1

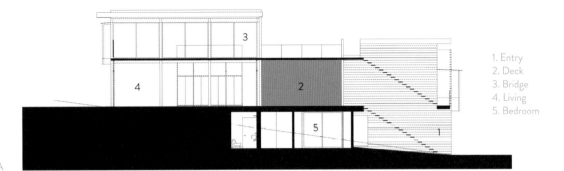

Section A

1. Entry
2. Deck
3. Bridge
4. Living
5. Bedroom

FLAG

Satoshi Kurosaki / APOLLO Architects & Associates / Site area: 45.19 m² // 486.42 sq ft

Total floor area: 105.03 m² // 1130.5 sq ft / Nakano ward, Tokyo, Japan / Photo © Masao Nishikawa

This urban residence is located in a commercial district, not so far from the city Shinjuku, where it still has the mood of old town. The plot is narrow on the street side and deep on the other, just like an "eel's bed". Natural lighting would be collected from the front and upper side. The façade of this project is composed of large openings arranged in a regular grid.
The client - a husband who works for an advertisement company and wife who works for a furniture store - is an active DINKS (double-income, no kids) couple. The gallery on the first floor opens to the busy street with glazed storefront. Even though the house is compact, it can generate income when also used as a shop and by including a space for people to gather, it attains a public character. It is an urban residence which can offer a life style of the future.

Esta residencia urbana se encuentra en un distrito comercial, no muy lejos de la ciudad de Shinjuku, donde todavía existe el ambiente de una ciudad antigua. El terreno es estrecho en un lado de la calle y, en el otro, es extremadamente angosto. La iluminación natural entra desde la parte frontal y superior. La fachada de este proyecto se compone de grandes aberturas dispuestas en una cuadrícula regular. El cliente, un marido que trabaja para una empresa de publicidad y una esposa que trabaja para una tienda de muebles, es una pareja activa con ingresos dobles y sin hijos. La galería en el primer piso se abre a la concurrida calle con un escaparate de cristal. Aunque la casa es compacta, puede generar ingresos cuando se usa también como tienda, y al incluir un espacio para que la gente se reúna, logra un carácter público. Es una residencia urbana que puede ofrecer un estilo de vida del futuro.

East elevation

West elevation

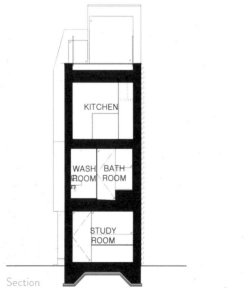

KITCHEN

WASH
ROOM

BATH
ROOM

STUDY
ROOM

Section

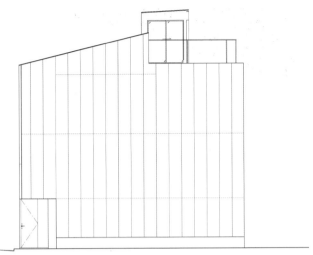

North elevation

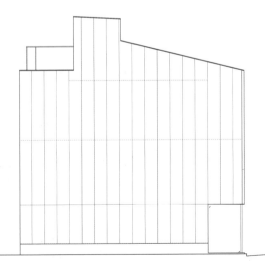

South elevation

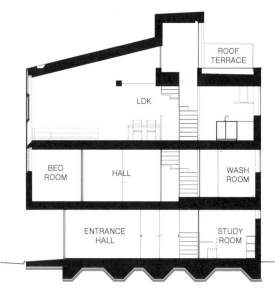

ROOF
TERRACE

LDK

BED
ROOM | HALL | WASH
ROOM

ENTRANCE
HALL | STUDY
ROOM

Sections

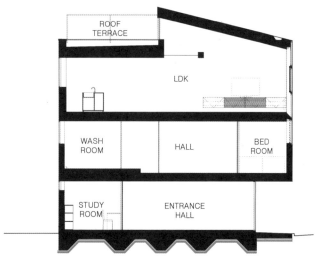

ROOF
TERRACE

LDK

WASH
ROOM | HALL | BED
ROOM

STUDY
ROOM | ENTRANCE
HALL

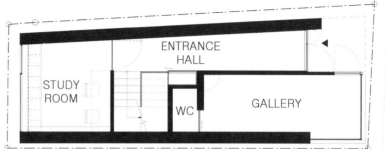

First floor

STUDY ROOM

ENTRANCE HALL

WC

GALLERY

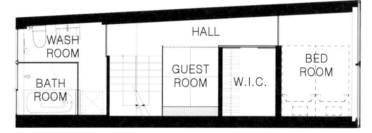

Second floor

WASH ROOM

BATH ROOM

HALL

GUEST ROOM

W.I.C.

BED ROOM

For wife's photography hobby, dark room is placed on the first floor, along with the study space for husband on the same floor. The color "blue" which is their favorite color, are used as an accent color on the second floor. The open room adjacent to the stairwell with Tatami-mat flooring also functions as reception room for the guests. The "semi-spiral stair", combination with u-shaped stair and the spiral stair, leads all the way to the roof terrace.

Para la esposa, aficionada a la fotografía, el cuarto oscuro se sitúa en el primer piso, donde también se encuentra el espacio de estudio para el marido. El color "azul", que es su color favorito, se usa como color de realce en el segundo piso. La sala abierta junto a la escalera con suelo de tatami también funciona como sala de recepción para los invitados. La "escalera en semi espiral", combinada con una escalera en forma de U y la escalera de caracol, lleva hasta la terraza de la azotea.

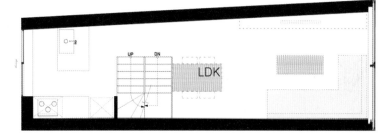

Third floor

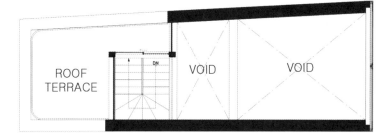

Roof floor

Third floor is arranged with one open space with double height ceiling. It allows the lights and views to pass-through into the family room. This dynamic method applied to dwelling, sensing the commercial neighborhood, leads to another step of originating the small housing within the environment.

El tercer piso dispone de un espacio abierto con techo de doble altura. Permite que la luz y las vistas entren a la sala familiar. Este método dinámico aplicado a la vivienda, sintiendo el ambiente del barrio comercial, lleva a otro paso que es el de generar pequeñas viviendas dentro del entorno.

WASP HOUSE

Tropical Space / 73.5 m² // 791 sq ft / Ho Chi Minh City, Vietnam / Photo © Quang Dam

This small Vietnamese house surprises with its glass façade on the lower section and bricks with holes on the upper section, which let light filter into all corners of the house. The fence and entrance door, made from simple metal railings, are designed to be planted in the future with vines which will cover the railings and filter the dust from the outside.
The staircase becomes the main axis of this house as it not only connects the different zones, but is also a corner to plant flowers, read a book, or simply relax.
The designer's aim was to create a light, happy space to show that a lovely house is not limited to those with purchasing power.

Esta pequeña casa vietnamita sorprende por su fachada acristalada en su parte inferior y de ladrillos agujereados en la parte superior, que permiten que la luz se filtre a todos sus rincones. La valla y la puerta de entrada, de rejilla metálica sencilla, están diseñadas para en un futuro plantar vides que la cubran y filtren el polvo que entre del exterior.
La escalera se convierte en el eje principal de esta vivienda, que además de comunicar las diferentes estancias, es un rincón donde plantar flores, leer un libro o simplemente relajarse.
El objetivo de sus diseñadores fue crear un espacio luminoso y alegre para demostrar que una casa bonita no está tan solo al alcance de las personas con un alto poder adquisitivo.

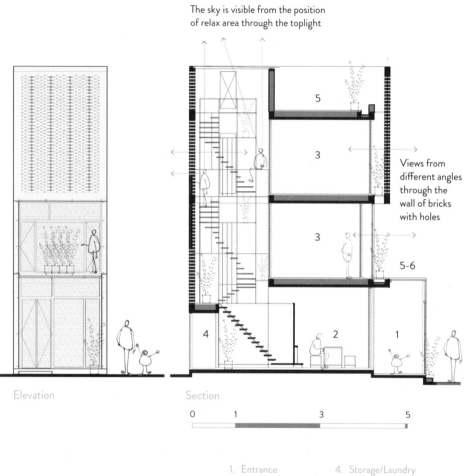

The sky is visible from the position of relax area through the toplight

Views from different angles through the wall of bricks with holes

5

3

3

5-6

4

2

1

Elevation

Section

0   1   3   5

1. Entrance
2. Living area
3. Bedroom
4. Storage/Laundry
5. Garden
6. Relax area

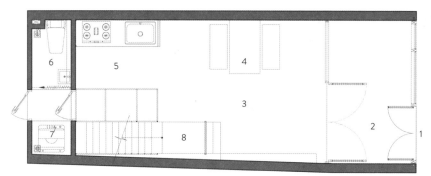

Ground floor plan

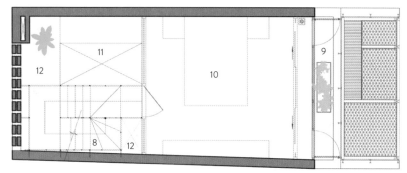

First floor plan

0   1   3   5   N

1. Gate
2. Entrance
3. Dining area
4. Living area
5. Kitchen area
6. Toilet
7. Storage/ Laundry

8. Stair
9. Garden
10. Bedroom
11. Void
12. Relax area
13. Gap
14. Toplight

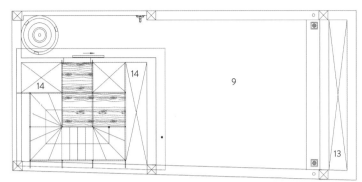

Roof plan

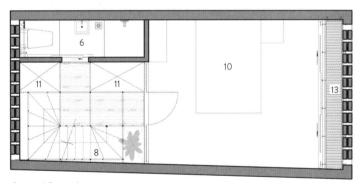

Second floor plan

In order to reduce costs, the architects tried to simplify details, materials and furnishings, as well as optimising functional spaces and reducing the height of each storey.

Para ahorrar costes los arquitectos trataron de simplificar los detalles, materiales y mobiliario, así como optimizar los espacios funcionales y reducir la altura de cada planta.

SMALL HOUSE WITH FLOATING TREE HOUSE

Yuki Miyamoto Architect / 69 m² // 741 sq ft / Tokyo, Japan / Photo © Masayoshi Ishii, Yuki Miyamoto

The design of this house reflects the client's love of outdoor activities; the attic comprises two tree houses, which serve as a play area for the children and almost seems to float above the living room. The main concept is to maximise the use of natural resources -sunlight, wind and vegetation- to avoid depending too much on technology.

The floor plans of the house form a zigzag, designed to provide views of a cherry tree as well as the green surroundings and to take advantage of the cool breeze. This special design also provides more visual depth and width to the space than a rectangular floor plan.

El diseño de esta vivienda refleja la preferencia de su dueño por las actividades al aire libre: el ático alberga dos casitas de árbol, que son zonas de juego para niños y parecen flotar sobre la zona de estar. El concepto fundamental es maximizar el uso de las recursos naturales –luz solar, viento y vegetación– para evitar depender en exceso de la tecnología.

El plano de la casa dibuja un zigzag, diseñado con el objetivo de disfrutar de las vistas de un cerezo, así como del verdor exterior y aprovechar la entrada de brisa fresca. Además, este especial diseño proporciona visualmente más profundidad y amplitud al espacio que un plano rectangular.

136

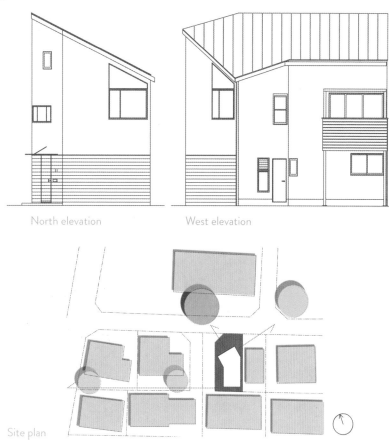

North elevation   West elevation

Site plan

The open-plan design and carefully positioned windows ensure plenty of light as well as good ventilation and therefore energy efficiency.

La apertura de planos y las ventanas cuidadosamente ubicadas aseguran una gran entrada de luz así como una eficaz ventilación y, por consiguiente, una gran eficiencia energética.

8. Living room
9. Kitchen
10. Dining room
11. Balcony

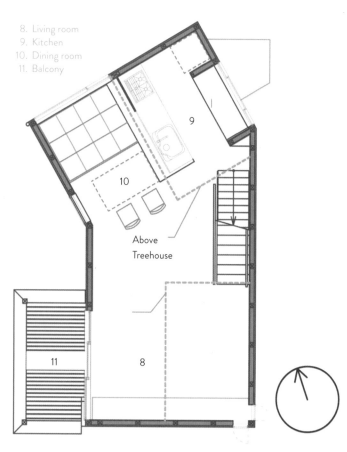

Above
Treehouse

First floor plan

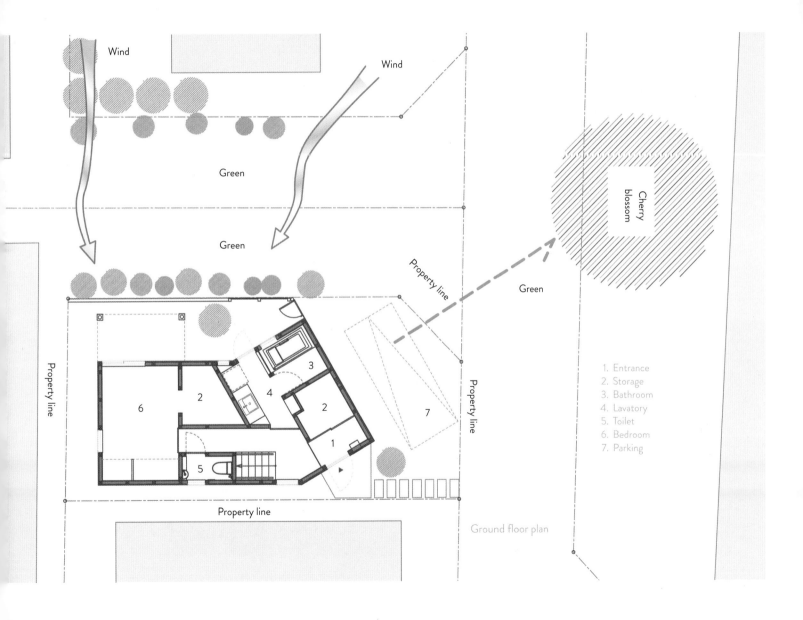

Wind

Wind

Green

Green

Green

Cherry
blossom

Green

Property line

Property line

Property line

Property line

1. Entrance
2. Storage
3. Bathroom
4. Lavatory
5. Toilet
6. Bedroom
7. Parking

Ground floor plan

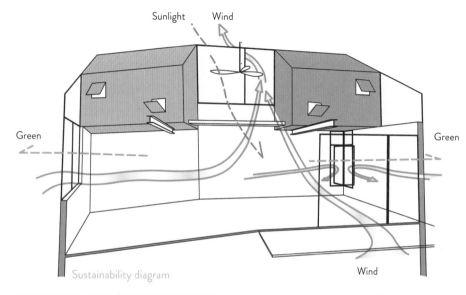

Sunlight Wind

Green

Green

Wind

Sustainability diagram

1. Lavatory
2. Corridor
3. Dining room
4. Kitchen

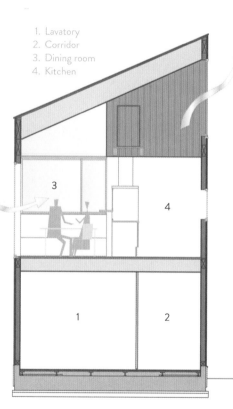

Section

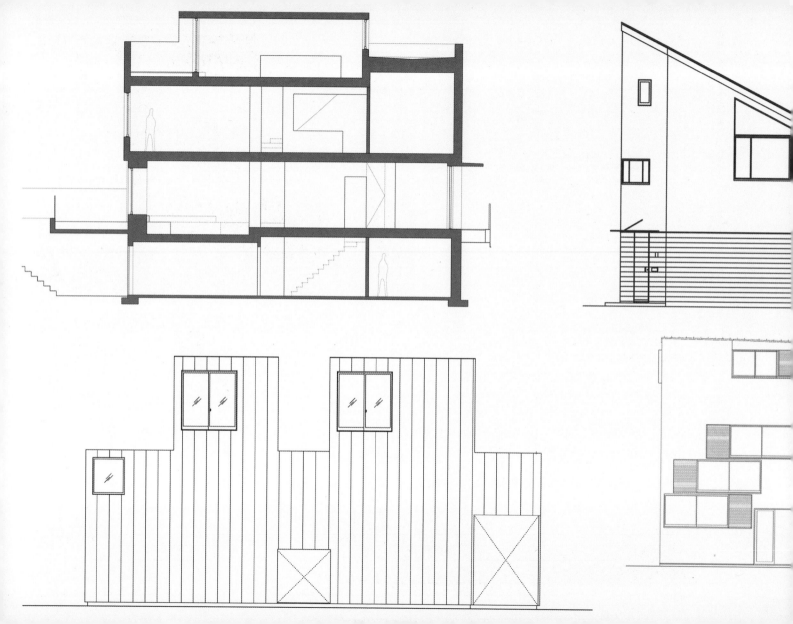